暮らしの中の
ＰＬ処世訓

川島通資

芸術生活社

暮らしの中のＰＬ処世訓

目次

はじめに

「人生は芸術である」というＰＬ理念については、ＰＬ会員であれば誰でも知っていますが、「日常生活の中でＰＬの教えを実行しています」と自信を持って言える人はそれほど多くないようです。

ＰＬの教えは素晴らしいけれど、自分には実行が難しいという思い込みが、会員さんの中にあるのかもしれません。

もし、教えは知っているが日常生活の中で教えの実行を心掛けていないということになれば、ＰＬの教えも過去の修身・道徳とあまり変わりはないことになります。

ＰＬは実行の教えです。実行すればそれだけの効果がある教えです。そこで、どうすれば暮らしの中でＰＬ処世訓を実行することができるか、皆さんと一緒に考えてみたいと思います。

カバーイラスト　河野里美

序章
人は表現の態《たい》にて生きる

心癖を無くすことはできない

ＰＬの教えの根本は「人は表現の態《たい》にて生きる」ということにあります。私たちは、自分という存在は生まれてから死ぬまでずーっと続いていると思っていますが、その生きている姿は何かをするという形（表現の態）をとっています。

生まれたばかりの赤ちゃんも泣いたり手足を動かしたり、いろんなことをします。もし何もしなかったら、その赤ちゃんは大丈夫かと皆が心配するでしょう。そのように、人は何かをするという形で自分の命をこの世に表しているのです。

そして、人間の表現は、今という時間の中でしかできません。どんなに素晴らしい人でも、昨日してしまったことをやり直すとか、明日のことを今することはできないのです。ところが私たちは、自分の人生が〝今〟という時間の中に集約され、今に自分の生命の表れがあるということを意識しないで暮らしています。

今という時間に自分の人生が懸かっているなどと言いますと、多くの人は「毎日毎日そんなに緊張して暮らすことはできないし、とてもじゃないがそんな窮屈な人生はごめんだ」と言うでしょう。

そのような思いを持つことがＰＬの教えを錯覚する元になっているのです。私たちは、道という言葉で、模範的な立派な行いを思い浮かべるように教育されてきました。

そのため、ＰＬの教えも儒教のように、「こうすべきである」という道を示しているもののように理解し、理想的な立派な人間になることが道を守ることだと考えているようです。

そういう視点から、腹を立ててはいけない、不足を思ってはいけない、という教えの言葉を理解しますと、腹の立たない人間、不足を思わない人間になることが道を行じることだと思ってしまうことになります。

ＰＬの教えは「人は自由な存在である」という認識に立っています。現実の社会に起こるすべての出来事は人間がしでかしていることで、そういうことをする自由も与えられているのがその証拠です。同時に、人間は社会生活をしていますので、社会生活に適応できない人間は法律によって取り締まり、ほかの人の安全を守るようにしているわけです。

言い換えれば、善も悪もしようと思えばできる自由が人間には与えられているのです。しかし、その自由は、ほかの人との共同生活を前提にしての自由ですから、社会生活の安全を保つために、個人の自由にはある程度の制約が加えられることになります。その制約が法律などによる個人の行動の規制ですが、法律に抵触しない限り、人間は自由に表現してよいのです。

ＰＬの教えは、この与えられている自由を最大限に謳歌《おうか》し、楽しく愉快に人生を送るためにはどのように心掛けていけばよいかという、人間本来の表現方法を一人一人にお教えするためのものです。

表現の基準は自分の思い

「人は表現の態にて生きる」と言いましたが、表現は今という時間の中で、自分の前に現れてくる対象（人や物事）と関わりを持つという形を取ります。その対象に対してどういう関わりをするかは、自分自身が決めることです。

自分が決めるといっても、そこにはいろんな要因があります。好みや都合もあれば、置かれている立場、その時の状況、対象の持っている事情、それらのいろんな要因を考え合わせて、どういう関わりを持つかを決めて（意志決定し）、その思いをどう表現すれば一番好ましい関わりを持つことができるかを考えて、表現するわけです。

従って、その時の表現の善しあしを判断する基準は、こういう関わりをすると決めた自分の思いです。その思いが十分に表現されているかいないかが、その時の表現の善しあしを判断する基準になるのです。

ところが、儒教的善悪観では、人間の歩むべき道はこうであるという規範を判断の基準にしていますので、道に外れた行為は悪であるということになります。腹を立て、自分の思いを十分に表現できなければ悪いことをしたということになり、自分自身を責めたり、悔やんだりすることになります。

しかし、思いを十分に表現できないということは、善悪の基準で判断すべきことではなく、上手・下手という表現技法の問題に過ぎないのです。

表現の拙さ自体は、善いことでも悪いことでもありません。ただ上手か下手かという表現の技法上の問題で、下手な表現はその結果が自分の望む通りにならないという点で問題となるだけです。

言い換えれば、腹を立てて自分の思い通りの関わりができないというのは、表現が下手だからできないのであって、その人の人格とか人柄の問題ではないのです。だから、かんしゃく持ちの社長や心配性の校長がいたりするわけで、かんしゃくや心配性はその人の癖であってもその人の全人格とは関係ないことなのです。

かんしゃくや心配性、不足というような心癖がみおしえで指摘されるのは、その時点におけるその人の生活がそれらの心癖によって歪《ゆが》められ、上手な表現ができなくなっているからです。

先のことは心配無用

私の場合で言えば、七十歳を過ぎたころ、目まいがして天井が回るという状態になり、医者に診てもらいましたら、メニエール病ということでした。みおしえを頂き、解説を受けました。その解説で、「人は神によって生かされているのだから、その時その時のことに誠していればよいのだよ」と教えていただいたのです。

その時の私は、〈長男を病気で亡くし、その子供たちはまだ学生だから自分が見てやらなくてはならないが、自分ももう年だから……〉というようなことがちらちらと頭をかすめていました。先のことを心配したり、憂えたりすることは無用だと理屈では分かっていても、癖ですからいつの間にかそういう思いにとらわれ、毎日の生活が鬱々《うつうつ》と楽しくない状態になっていたのです。

そのことを知らしめるために、みしらせが表れ、みおしえによって、その過ちに気付かせていただいたのです。先のことを思うのは悪いことではないけれども、そんなことを思いながら暮らすことはナンセンスで、下手な暮らし方だよ、ということです。

下手なことは練習すれば上手になれます。そういう意味で、対象との関わりを上手にこなすための在《あ》り方が、ＰＬ信仰生活心得の第一条「自分《じぶん》のすること言《い》うことに誠《まこと》をこめ、心《こころ》を行《い》き届《とど》かして暮《く》らします。」、第二条「人《ひと》や物事《ものごと》や天候《てんこう》の不足《ふそく》などを思《おも》わず、自分《じぶん》の考《かんが》えや仕方《しかた》の足《た》りないところを発見《はっけん》し、何事《なにごと》にも創意工夫《そういくふう》の精神《せいしん》を忘《わす》れぬようにいたします。」に教えられているのです。

心癖が出ていることに気付いたら、この第一条、第二条を思い起こして、楽しく朗らかな心になるように気持ちを切り換えていきましょう。

「人生は芸術である」というＰＬの教えは、毎日の生活を自由に楽しく生きるための真理を解き明かし、誰でもその真理に従って生きることができるように導いてくれる教えなのですから。

苦痛は生きるための警戒信号

私たちの生活の中には、病気、災難、苦痛というマイナスの現象が時々現れます。そして人間の不幸の大半は、そういうマイナスの現象によって引き起こされるように思われています。

確かに、それらの現象のマイナスの面だけを見ますと、そういうマイナス現象の無い「無病息災」が幸福の象徴のように思われます。

しかし、人間の生命は、苦痛という警戒信号によって保たれているのです。

例えば、空腹は空腹感という一種の信号を発して、身体に必要な栄養分を補給する必要があることを知らせるための苦痛です。その空腹感（苦痛）を感じなくなると自分で栄養分を補給できなくなり、死んでしまうことになります。

また、人間の身体構造は、器官の働きに支障を生じ、その働きがうまくいかなくなった時には、そこに痛みを生じ、不都合を知らせるようになっています。

それと同じように、私たちの生活においても、下手な表現をしたために生活に不都合が生じた時には、それと知らせるための苦痛を発し、何らかの処置が必要だと教えてくれるようになっています。

言い換えれば、苦痛は生きるための警戒信号なのです。

苦痛には原因があるという思いが

肉体の上に現れる苦痛は、病気という名前が付いていますが、生活の上に現れる苦痛については、不幸という感じで把握されています。

子供のことで悩みがある、夫婦の仲がうまくいかない、金銭的に困っている、というような生活上の苦痛は、不幸なことと思われ、その原因がいろいろと考えられてきました。

その一つが、善因善果・悪因悪果という考え方で、善いことをすればそれ相応の善いことに恵まれ、悪いことをすればその罰として不幸な目に遭う、というものです。

このような善悪観の始まりは、人間は神によって生かされているので、神の意向に反した行いをすれば罰を与えられ、神の気に入られれば、幸運に恵まれる、という信仰でした。

例えば、天災や事故によって非常に苦しい目に遭い、〈私は何も悪いことはしていないのに、なんでこんな目に遭わなきゃならないのか〉という思いを持ったりするのは、知らず知らずのうちに、善因善果・悪因悪果の考えに立って、一切の物事を判断することになっているからです。

確かに、善因善果・悪因悪果という考えは、人心を善導する上には大きな働きを持っていました。善いことをすれば幸福になれるということは、修身・道徳を若者に教えるための論理だったのです。

ところが、現実の生活では、悪徳政治家が大きな顔をして幅を利かせていたり、正直者がばかを見るなどというような、善因善果・悪因悪果という論理では説明のつかないことがたくさんあります。

そのため、現実生活に絶対必要なお金や物に対して強い欲望を持つようになったのです。

しかし、お金や物だけで人間の幸福をつくれないことは、誰もが経験的に知っています。中高年世代は、若者に倫理・道徳を教育しなければならないと叫んでいますが、若い人に対して、何が善で何が悪かということを示すことができずにいるのが現状ではないかと思います。

生活の中の苦痛は

人間の肉体に現れる苦痛が生命保持の役割を持っているということは前に述べました。

その警戒信号も、動物の場合は、習性というバリアーによって生命の維持が図られていますが、人間の場合は、習性というバリアーが無いため、苦痛がある程度の抑制作用を果たしてはいますが、動物のように絶対的なバリアーとはなっていません。その理由は、人間存在の特殊性にあると言えます。動物は個の生命を維持し、種族の存続を図るために生きています。一方、人間は生命の維持だけでなく、自己の生命を表現という形で現実世界に現すという使命を与えられています。

この自己を表現するという過程における歪み、つまり自分の思いをきちんと表すことができない状態を苦痛（悩み）に感じるというバリアーが張られているのです。

例えば、人と話している時、自分が伝えたいと思っていることがちゃんと相手に伝われば満足を感じますが、話がうまく伝わらないとイライラしたり、腹を立てたりします。このように、イライラしたり、腹が立ったりする時の心の状態が苦痛（悩み・バリアー）なのです。

人間の表現は、目の前に現れる人や物事との関わり、という形を取ります。このことを「人は表現の態にて生きる」と言っていますが、表現は、自分の思いだけでなく、対象となる人や物事との関わりです。当然そこには、対象となる人や物事の都合や事情があるわけで、それらの都合や事情との調和を図ることが必要になります。

ところが、自分の思いの方が先に立って、自分の都合で物を言っている場合には、対象の都合に合わないことになり、その話はうまく伝わらないことになります。相手がこちらの話を理解してくれないからと不足を思ったり、腹を立てたりしているのでは、その人の自己表現は、相手の都合に振り回されていることになります。それでは自分の表現とは言えません。

自己表現はあくまでも対象との関わりを自分が作り上げるところに成り立つのですから、話がうまく伝わらないという状況を何とか打開する方法を工夫しなければならないのです。

そういう工夫をしないで、自分の癖で対象との関わりを持つところに、苦痛が生じるのです。

心癖は悪いことではない

苦痛という言葉は非常に強い響きを持っていますので、ちょっとしたそんな心の動きまでも苦痛と言うのか、と不思議に思う人もいるかと思いますが、人間の心は、「爽やかな」「すがすがしい」という言葉で表されるような日本晴れの状態が普通の姿なのです。そこに雲がかかり、面白くない思いをしたりすることになるのは、正常な状態から言うと、苦痛が生じている姿なのです。

そして、そういう雲がかかっている状態は、本人の心癖によって表現が歪められていることへの警戒信号なのです。

初代教祖は、

誠なる心をまことにせぬものはおのがくせある我とぞこそしれ

という道歌を作って、人間表現のひずみは癖（習慣）による表現だぞ、と教えてくださっています。

日本人は、儒教的な考えで教育されてきたため、道から外れた行いは悪いことだと思いがちですが、心癖は何も悪いことではありません。問題は、表現が心癖のために歪められ、心に雲がかかって面白くない、不愉快だ、という心の状態になることなのです。

ここで注意しなくてはならないのは、善因善果・悪因悪果という論理で、この心に雲がかかっている状態を解釈し、不足や腹立てを悪いことと感じて、自分を責めている人が非常に多いということです。不足を思うとか、腹を立てるということは、苦痛の状態ですから改善しなければなりません。ですがそれは、対象との関わりをもっとうまくしなさいという警戒信号であって、道に背いたことへの罰ではないのです。

人間の表現自体を善悪に分けることはできません。その結果が法律に違反するとか、人を傷つけるとか社会生活に悪い影響を及ぼす場合に、その表現が法律的に罰せられるだけで、基本的には人間の表現は自由です。芸術という観点から見て、その表現の完成度の点で上手下手の程度の差が評価されるだけで、表現自体に善悪は無いのです。

みおしえで教えていただいている心癖も、それ自体に善悪という区別をつけることはできません。その証拠に、かんしゃく持ちであっても成功している人はたくさんいます。

表現の評価基準

人間の表現には善悪の区別は無いと述べましたが、善悪の代わりに人間表現を評価する基準は、その時の自分の思いがどのように表現されているかということにあります。

人は表現の態にて生きるわけですから、対象と出合った時には、〈こういう関わりを持ちたい〉という気持ちが起こります。この気持ちを真実と言います。真実がどの程度表現されているかが、表現の価値になるわけです。

人間の心は移ろいやすく、状況に左右されやすいので、一般的にこうだと言うことは難しいのです。

例えば、ほとんどの母親は、子供の幸福を思い、立派な人間になってほしいと願っていることと思います。ところが、普段の生活の中では、その時の気分や状況に左右された対応をしがちです。

出掛けようとした時に、玄関で子供が自分で靴を履こうと、ひもを結んでいます。なかなかうまく結べずもたもたしているのを見ているうちにイライラしてきて、

「ちょっと貸して」と言ってさっさと親が結んでしまう、というようなことがあったとします。

この時、親はその場の状況に流されて、子供を立派に育てたいという真実の気持ちとは反対の関わりをしていることになります。

子供は少し物心がついてきますと、何でも自分でやりたがります。うまくできることもあれば、まだできないこともあります。そういう判断はつきませんから、できないことでもやってみたがる傾向があります。

その傾向は将来の表現力を強める上で大切ですから、気長に子供のすることを見ていてやるのが上手な対応になります。

もちろん、どうしてもうまくできない時は子供の方から助けを求めてきますが、その時も、ちょっと手を添えて、「こうすればうまくできるでしょ」と結び方を教えてやるという対応をした方がよいのです。

母親と子供との関わりの一例を取り上げてみましたが、この場合、上手な関わり方は、母親が子供に対する自分の思いをしっかりと見極めて、その思いがきちんと表れる関わり方をするのが上手な表現ということになります。

下手な表現の場合は、気が急《せ》くままに子供のすることをまどろっこしく思って、立派な人間になってほしいという気持ちをうまく表現できずに、表現力の成長を阻害するような関わり方をしてしまっていることになります。そして、そういう拙さは対象との関わり方を決定する時に、つい習慣となっている関わり方（心癖）をしてしまうことから陥る失敗なのです。

先の初代教祖のお歌に示されているように、心癖のために、誠の心が歪められ、我《が》の表現をしてしまうわけですが、我とは対象との関わりがうまくできないということなのです。言い換えれば、真実表現をし損なっているということです。

従って、人間表現の評価基準は、真実表現になっているかいないかにあると言えます。

表現の基準としての真実

表現の基準としての真実とはどういうことかを考えるために、人間の生きる姿を考えてみましょう。人は表現の態にて生きるということを図解しますと、下図のようになると思います。

まず、目の前に現れる対象とは、こちらの都合や事情には関わりなく、突然自分の前に現れる人や物事です。人間の表現は、その対象を受け止める（理解する）ことから始まります。

つまり、目の前に現れた対象を自分の知識や経験、自分との関係などあらゆる要素を含めて理解し、自分なりの対象を作り上げる。そうして作り上げた対象に対して、こういう関わりをしようという意志（真実）を決めて、その思いを形に表す、すなわち表現するわけです。

ＰＬ信仰生活心得第一条「自分《じぶん》のすること言《い》うことに誠《まこと》をこめ、心《こころ》を行《い》き届《とど》かして暮《く》らします。」は、対象に対する関わりのイメージの通りに表現できるよう

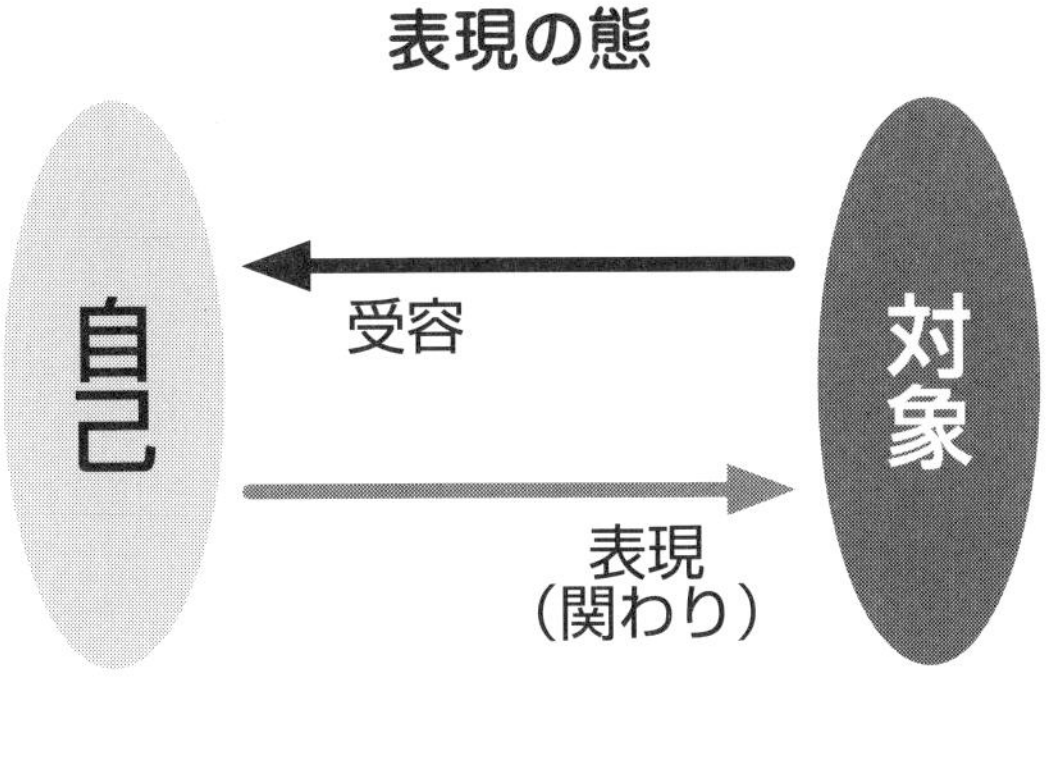

誠を込めることが自己表現を全うする道だ、と教えているのです。

そして、その自己表現の真実は自分が理解した対象に対する関わりであって、現実の対象そのものに対してではないことに注意しなければなりません。

なぜかと言うと、同じ対象に対する関わりであっても、Aの表現はAの理解した対象に対する関わりであって、Bの理解した対象とは違うことになるからです。

ＰＬ遂断詞《しきりのことば》には「今《いま》より後《のち》はひたすらにみおしえを守《まも》り　芸術生活《うるわしきたつき》の上《うえ》に自《みずか》らの個性《まこと》を表《あらわ》すにより」と示されています。同じ対象に対する関わり（表現）であっても、Aの表現とBの表現では違いがあるように、それぞれの個性を表すことに人生の意義があると示しているのです。

「みおしえを守る」ということは

みおしえの言葉は、怒り、急ぎ、憂え、悲しむという感情に走ってはならないということで、「〇〇しません」という言葉で示されていますが、禁止事項を示しているのではなく、注意事項を述べているのです。

毎日の生活では、対象との関わり方をどうしようかと考えることはあまりありません。それは日々出合う対象はほとんど同じようなことばかりで、改めて考えるまでもないからで、私たちはほぼ無自覚に対象との関わりを決定して暮らしています。

毎日、ほとんどの人が朝起きて顔を洗い、歯を磨き、男性はひげをそり、女性は化粧をするでしょう。その時に、〈はて、どうしよう〉と悩んだり、考えたりする人はいません。

それは、それらのことをするのはすでに自分の生活のプログラムに組み込まれているからで（それを習慣と言います）、そうしていることで何の問題も無く、自然に生活を送っているのです。そして、ほとんどのことは習慣に従って処理しても、何も問題にはならないでしょう。

しかし、習慣だけで生活するのは、動物が習性に従って生きているのとあまり変わりないことになります。しかも人間の習慣は、動物の習性のように、行動を制約するものではありませんので、対象との関わりに一定の偏向を生み出し、その偏向が時々問題を引き起こすこともあるのです。

みおしえの言葉は、あなたの生活は、○○の感情が習慣になっているから誠を表現し損なうのですよ、そこを気を付けなさい、ということを教えています。では、「誠なる心を誠にしない」癖はどのようにして私たちの心に巣くうのでしょう。

子供のころは、何かに熱中すると、そのことが一段落しないとほかのことに気持ちが動かないのが普通です。お母さんから「ご飯だから早く片付けなさい」と言われてもすぐには動けないでいるというような時に、「なんで早くしないの」と叱られたとします。

子供は、親の表現を通して人に対する関わり方を勉強していくわけですが、これでは暗黙のうちに、「人が自分の言うことを聞くのが当たり前で、聞かない時は怒ってよい」という予断（あらかじめ出来上がっている観念）を持つことになります。

このような予断を持って暮らしていると、対象に出合った時に、不足不満を持ち、対応を誤ることになります。そして、うまく対応できない時には、苦痛を感じるのです。

特に、ＰＬ遂断詞に「人《ひと》の世《よ》の災難病苦《くるしみわずらい》」と示されているようなみしらせについて頂くみおしえは、それらの苦痛の原因となっている心癖を教えてくれるだけでなく、心癖に基づく我の表現から誠の表現へ、心を切り替えるチャンスを作ってくれるのです。

みおしえを頂くと、自分の心の動きをはっきりと自覚できるようになり、〈あっ、腹が立ってきた〉〈また不足を思っている〉〈また心配の癖が出て、くよくよ考えている〉というように、癖が出ていることに気が付くようになります。これは、みおしえの功徳で気付かせていただけるのです。

「みおしえを守る」ということは、気が付いた時に気持ちを切り替え、楽しく誠の表現をするように心掛けることなのです。

なくて七癖あって四十八癖

「人は表現の態にて生きる」という真理は、人間存在の特殊性を示しています。それは、生きるためには、まず表現の技術を習得しなければならないという特殊な状況の中で、人間は生きているということです。

私たち人間は、生まれてから言葉を覚え、食事のエチケットを学び、あいさつの仕方を教えられ、十歳にもなると、毎日の生活で困ることはまず無いようになります。

朝起きたら、顔を洗い、服を着替えて、食事をするということは、何の苦労も無くできるようになっているはずです。何度も同じことをしていると、それが習慣となって、特別に心を使わなくてもできる表現の仕方が身につくからです。

言い換えれば、普段の生活は、ほとんど習慣となっていることの繰り返しで、困ることは何も無い状態になっているのが普通なのです。そして、対象との関わりも、同じパターンの繰り返しになっているので、対象の方に変化が生じると、途端に困ることになってしまいます。

普段は、子供のことにいろいろと気を使い、こまごまと世話を焼いていたお母さんが、ある朝、ほかの用事があって、子供をほったらかしにしていました。ふと気が付くと子供が玄関でうろうろしているではありませんか。「何しているの、早く学校に行かないと遅刻するよ」と声を掛けると、「もう行ってもいいの?」という答えが返ってきたそうです。「早く行きなさい」と言うと、「だって、まだお母さんは、宿題持ったか、ハンカチ持っているかって聞いてくれてないじゃない」と答えます。

毎日の登校前の儀式が済んでいないから学校に行けない、というわけだったのです。

「早くしなさい」「何しているの」と、子供にいろいろと言うことのほとんどが口癖のようになり、宿題、弁当、ティッシュ、ハンカチといった持ち物チェックを毎日同じように繰り返しているご家庭が多いのではないでしょうか。それが習慣になり、パターン化すると、子供への対応は決まった形になりがちです。

その上、母親自身が、自分が子供に言っていることは子供にとって良いことであると信じていますので、このパターン化は一度決まると、容易に変わらない頑固さを持つことになります。

このようにして、習慣化した日常生活は、癖と言われる一定のパターンを持ちます。

昔から、「なくて七癖あって四十八癖」と言われているように、人間の表現は癖（習慣）によって、パターン化している場合が多いのです。

感情の出方には一定の筋道がある

先の例で挙げた母親の朝のチェック（子供を学校に送り出す時）を考えてみましょう。

これは、子供が学校で困らないように、必要な物を持っているかどうかを確かめているわけですが、その時の母親の状態を考えてみてください。

宿題を忘れていないか、弁当は持ったか、ハンカチは、体操服は、と聞いている時、母親はわが子の心の状態よりも、それらの必需品をちゃんと持っているかどうかという事柄を確かめているわけです。まさに機械的なチェックに終始していることになります。

人間の喜びは、心の働きによって生み出されるもので、心を働かさなくても困らないことにはあまり喜びを感じません。習慣になっていることは、ほとんど無意識のうちにしてしまうので、特に心の働きを必要としないのです。

半面、習慣的な表現でうまく対応できていたことが、何かの拍子にうまく処置できなくなると、そのことを不足に思ったり、そういう事態を引き起こした人に腹を立てたり、想定外の感情を出すことになります。

もっとも、この感情の出し方も習慣化されていて、感情の出る筋道も決まっている人がほとんどです。私の場合を言いますと、自分のする仕事の範囲を勝手に決めていて、それ以外の仕事を人から頼まれると無性に腹を立てるという癖がありました。予定に無い仕事が舞い込むと、よく腹を立てていたのです。

この心癖を直そうと腹を立てないようにしようと思っても、結局は腹が立っているのを無理に抑えて外に出さないようにしているだけのことで、少しも楽しくなれない状態のままでした。

ある時、部署での仕事中、大本庁の総務の人から「新宗連（新日本宗教団体連合会）に出す書類があるのだけど、川島君、書いてくれないか」という依頼の電話が入りました。

それを聞いた途端に、例の心癖が顔を出し、「新宗連に出す書類は総務の仕事でしょう。総務の仕事は総務で片付けてください」とにべもなく断りました。

それを横で聞いていた先輩の先生が私の態度を見かねたのでしょう。「川島君、人が用事を持ってくるのは神様に人気があるということだよ。神様の人気が無くなったら誰も仕事を持って来てはくれなくなるよ」と声を掛けてくれたのです。その言葉に、学校を卒業して大本庁に帰った時のことを思い出しました。

私は、学生教師という辞令を頂いていましたので、大学の卒業式を終えて、四月一日に大本庁に帰りました。総務にあいさつに行き、「私の部署はどこでしょうか」と聞くと、「君の部署は決まってないので、誕生祭の手伝いをしてください」。当時の教主誕生祭は第二代教祖の誕生日、四月八日でした。

誕生祭の準備を手伝い、九日には後片付けも済んだのですが、肝心の所属部署は総務に行って聞いても「まだ決まってない」ということが何日も続いたのです。やっと二十一日からの教師錬成に入れていただいて、私の教師生活は始まりました。それまでは、自分で探さなくては仕事が無い状態でしたので、毎日大阪公館の周囲の溝掃除をしていました。

先輩の言葉に、この体験を思い出したのです。

〈自分で仕事を探さなくてはならないとなると大変だ。人が仕事を持って来ると思うから腹が立つ。神様が仕事を持って来てくれると思ったら、腹を立てる理由が無いなあ〉と変な理屈を考えて、これ以降は、〈彼が仕事を持って来たのではない、神様が川島にせよと言っておられるのだ〉と、自分に言い聞かせるようにしたのです。

そのおかげで、人から仕事を頼まれた時の受け止め方の筋道が〝腹を立てる〟から、〝神様から仕事を頂く〟という方向に転換できたのです。

もちろんこれで私の腹立ての全てが無くなったのではありません。人から仕事を頼まれた場合の対応がうまくできるようになっただけで、気に入らないことが起こると腹が立つという心癖が無くなったわけではないのです。

腹が立つのは、その時その時の対象との関わりがうまくできないからです。原因となる事柄の一つ一つの筋道を組み替える努力をして、腹を立てずに処理する方法を見つけることが大切だと肝に銘じています。

みおしえの功徳

私たちは、苦痛を感じた時に、そのことをみしらせと悟って、みおしえを頂きます。そして、みおしえをお誓いしていますと、不思議に自分の心の状態に気付かせていただきます。

〈アッ、また不足を思っている〉〈腹を立てているなあ〉〈またくよくよと考えている〉〈ちょっと強情になっているな〉などなど。

問題は、そういう心癖が出ていると気付かせていただいた時に、〈まだ、みおしえが守れていない。こんなことでは申し訳ない〉と自分を責める人が多いことです。これは錯覚です。

普通の人は、自分の心の動きには全く気付かずに暮らしています。それは習慣になっていることだからです。それを私たちはみおしえを頂き、お誓いをすることによって、気付かせていただけるのです。心癖が出ていることに気付くということは、みおしえの功徳なのです。

みおしえのおかげで気が付いたのですから、その時に、自分の心癖の筋道を変える努力をすることが、みおしえを守るということなのです。

ところが、みおしえを守るということを、みおしえで示されている心癖の無い立派な人間になる、ということだと思って、そういう立派な人間になろうと努力している人が多いのではないかと思います。

しかし、「なくて七癖あって四十八癖」と言われるように、人間の生活は、癖（習慣）で処理していることが大半です。そして、習慣で生活することは何ら悪いことではないのです。その習慣が自己表現を歪め、真実（個性）が表現できなくなっていることが問題なのです。

例えば、腹立てかんしゃくの表現に「やめた」というのがあります。今までしていたことをやめるというのは、よほど気に入らないことがあったからでしょうが、本人はそれがかんしゃくだとは思っていない場合が多いのです。それは、やめるにはやめなければならない正当な理由がある、という筋道に基づいた行動だからです。

しかし、本人が正当な理由だと思っている事実は、自分の気に入らないことが起こったとか、自分の意見が入れられないとか、自分を認めてくれないというような、自分の意志ではなくて、周囲の状況によって、やめざるを得ない、いや、そういう状況から逃げ出すためにやめるということになっている場合が多いのです。

言い換えれば、周囲の状況が気に入らないから自己表現を中止するということになっているわけです。従って、「やめた」という思いになった時には、それが果たして自分の真実を表現するための最善の方策かどうかを検討する必要があります。

ある人が「やめたという思いはかんしゃくだから、その思いをやめなさい」と教えられ、そのことを実行しようと思っていました。その人は、不動産業をしておられて、店に来られたお客さんを一生懸命案内し、たくさんの物件を見てもらい、やっと、これで契約しましょうという物件が決まり、手続きの書類をそろえている時のことでした。

そのお客さんが横にあったパンフレットを見て、「この物件も見せてください」と言われたのです。それを聞いて、〈たくさんの物件を見てやっと、これにしようと決めたのに、まだほかの物件を見せてくれと言うのか。そんな面倒なことを言うのなら、この取引はやめた〉と思いかけて、〈あっ、ここだな、ここでやめたらいけない〉と思い直して、その物件に案内しました。お客さんは、「やはり前に決めた物件で契約しましょう」ということで、一件の契約が成立したのでした。

この事例が示しているように、心癖そのものが無くならなければみおしえが守れないのではなく、心癖が出かかった時に、気持ちを切り換えて、誠の表現をすれば、自己表現を全うすることができるのです。

みおしえを守るのは、その時の自己表現を全うするためです。みおしえを頂いて一生懸命お誓いしていれば、心癖が出かかった時に気付かせていただけます。それはみおしえの功徳なのです。ですから心癖に気が付くということは、みおしえに背いたことではなくて、みおしえを守るためのチャンスを神様が与えてくださっているのです。

みおしえは、お誓いが済んだらきれいさっぱり忘れて、朗らかに、楽しい気分でその時の表現を楽しんでいればよいのです。

ところが、真面目な人は「今日は腹を立てないようにしよう」と決意をすると、忘れてはいけないと思って、みおしえの言葉を繰り返し繰り返し思うということになっている場合が多いようです。

みおしえのお誓いをした後は、晴れ晴れとした良い心境でいるのですから、腹を立てないようにしようとか、不足を思わないようにしようと思うことは要らないのです。心癖が出ていない時に心癖のことを思うのは雑念で、要らないことです。

みおしえのお誓いが済んだら、きれいさっぱり忘れて、楽しく暮らすようにしてください。そうしたら、心癖が出そうになると、それに気付かせていただけますから、その時にみおしえを実行して、不足を思わないで物事を処理するとか、腹が立つのであれば、なぜ腹が立つのかという心癖の筋道を発見して、別の考え方をしてみるとか、みおしえで教えられている誠の在り方を工夫すればよいのです。

おしえおや様は、私たちにみおしえをお取り次ぎするに当たって、「本人に道を守らせますにより、みおしえの真理を明らかにすることをお許しいただきたい」と神に誓って、みおしえを取り次いでくださっていると聞いています。

この「本人に道を守らせます」という遂断は、「本人が心癖を出した時に、気付かせます」ということで、気付いた後のことはあくまでも本人の責任に属することです。ですから、みおしえを頂いたら、一生懸命お誓いをし、気付かせていただいた時に、本気で、誠の表現をするように心掛けていくことが大切です。

誠の表現の道しるべ

ＰＬ処世訓は、私たちが誠の表現をするために必要な人生の原則を解明してくださっているものです。そして、ＰＬ処世訓二十一カ条は、それぞれの個条が独立しているのではなく、お互いに緊密に連携しているので、どの個条も「人生は芸術である」という真理の一部を解明しているものになっています。

従って、ＰＬ処世訓は、第一条「人生《じんせい》は芸術《げいじゅつ》である」に始まって、第二条「人《ひと》の一生《いっしょう》は自己表現《じこひょうげん》である」第三条「自己《じこ》は神《かみ》の表現《ひょうげん》である」……第二十一条「真《しん》の自由《じゆう》に生《い》きよ」と最後まで行って、故に「人生《じんせい》は芸術《げいじゅつ》である」と、最初に戻るのである、と教えていただいています。

しかし、私たちの生活において大切なことは、「芸術生活《うるわしきたつき》の上《うえ》に自《みずか》らの個性《まこと》を表《あらわ》す」（ＰＬ遂断詞）ことにあるのですから、「自らの個性を表すために」という視点からＰＬ処世訓を解釈していきたいと思います。

観念の遊戯に陥らないために

人類の歴史の中で、「人間とは何か」という問いが最大の課題として問い続けられています。そして、宗教をはじめ、あらゆる学問は、その問いの答えを求めて、研究を重ね、さまざまな論議を積み重ねてきました。それにもかかわらず、いまだに人間とは何かということの答えは発見されていないと言ってよいと思います。

人間の本質の探究が低迷している理由は、抽象的な思索によって、人間とは何かという問いの答えを探求していることにあると思います。なぜかというと、人間は人類という類として存在しているのではなく、自己という特殊な存在として存在しているのですから、その行動は、百人寄れば百通りの行動を示すことになります。

ですが、人間の抽象的な思考のルールでは、万人に共通の真理があるはずだという前提に立っています。いろいろな条件の下での行動をその条件を捨象して分析しようとするため、分析結果は現実の行動とはかけ離れたものになるのです。

例えば、人は飢餓状況に置かれたらどういう行動を取るか、という抽象的な問いに対して結論を出すことはできません。人間の行動は、具体的な事実に対して自分がどうするかを決めるのであって、抽象的な問いに正確な答えを出すことはできないのです。しかし、具体的な事柄に対しては、私はこうしますという意志決定をすることは誰でもできるはずです。そして、その時にこう答えるのが正解であるという答えは無いのです。なぜなら、人は自由に表現する権利を与えられていて、どういう答えを出してもそれはその人の自由だからです。

ただし、その人の答えが芸術として香り高い作品であるか否か、という価値判断の面ではいろいろと論議しなければならないことがあるでしょう。

私たちは、「人生は芸術である」という真理を信仰しています。確かに、現代は経済社会であるため、すべての表現が物・金を基準に価値判断されることが多いのですが、そのためにさまざまな矛盾が生じることは私たちの生活のいろんな面で感じられ、心の大切さが叫ばれていることは、皆さんがよくご存じのことと思います。

その豊かな心を育て、お互いの自己表現を自由に表現できる社会を作るための原則がＰＬ処世訓なのです。

第一条
人生《じんせい》は芸術《げいじゅつ》である

1

神業は自己表現の所与条件

序章で、みおしえの実行とは、心癖を無くすのではなく、心癖が出ていることに気付いた時に、誠の心に立ち返ることであると言いました。

それを実行するために、今一つ心掛けなければならないことがあります。それは今、目の前にしている対象に心を向けるということです。

「表現の態《たい》にて生きる」ということは、目の前に現れてくる対象と関わりを持つということで、その対象はこちらの思惑には全く関わりなく、突然現れてきます。ＰＬ流の言い方をすると「神業《かんわざ》として現れてくる」のです。従って、現れてくる神業に順応しようと心を決めて暮らすことが大切になります。

そういう心構えを持たずに暮らしていますと、目の前に現れてくる神業に対して、いろいろな思いを持つことになります。

もちろん、人間は自分の都合で暮らしていますが、現れてくる神業は自分にとって都合の良いことばかりではありません。神業は、私たちの都合とは関わりなくさまざまなことを現しますから、都合の良いこともあれば、面倒なこと、困ったことも現します。それに対して不足を思ったり、腹を立てたりするのは自然なことです。問題は、そういう思いにとらわれて、その時の神業との対応がうまくできないことにあるわけで、そういう思いを持つこと自体が悪いのではありません。

言い換えれば、現れた神業に対して、どうすればうまく対応できるかを工夫するところに、人間としての働きがあるのです。その働きができなくなっているところに、みしらせの原因があります。

神業に対して順応するほかに、人として生きる道はないと心を決めて暮らしていますと、困ったなあ、ではどうすればこの神業への対応がうまくできるか、と工夫する気持ちになります。

ところが、神業に順応しようという心が無いと、困った時には、相手が悪い、相手が変わらなければどうしようもない、となります。そういう時の心の状態は、自分のすることは何も無い、周囲の人や状況が変わらなければどうにもならないと、困ったままでいるほかないということになるのです。

そういう時に、ちょっと考えてほしいのです。

人間には、人として考え、工夫する力が与えられています。その力を働かせないで、ただ困っているだけでは、下手な生き方だということです。自分の知恵を働かせて、現れてくる神業を上手に処理する在《あ》り方を工夫するところに、その人の人生があるのです。

「人生は芸術である」というＰＬ理念が開示している真理は、現れてくる神業との関わりの中で、自分の思いを表現していくところにあなたの人生があるということを示しているのです。

そして、現れてくる神業との関わりは、どのような関わりであろうと、自分が自由に決定していけばよいのであって、こうでなければいけないとか、こういうふうに関わりを持つべきだという基準はないのです。

ところが、不足という心癖を持っている人は、神業が自分にとって都合の良い現れ方をしないことを不足に思い、その原因は自分以外のところにあると思いがちです。

気に入らないことが起こり、それが不足になって、困ったなあと思っても、そこでとどまるのではなく、何とかしなければ、と神業への対応を工夫する。それが、人間本来の自然な対応ということになります。

そういう工夫をしながら暮らしていくところに、人としての働きがあるのです。

自由な対応を妨げるのは

人は普段の生活で、これはどうするのがよいかとか、こうすべきだなどといちいち考えてはいません。しかし、気持ちの中ではこういう時にはこうすべきであると、することが決まっている場合が多いようです。言わば、心の中に一定の行動のパターンがあって、それに従って行動しているのです。

そのように、物事を決めてかかる心の動きを〝強情〟と言いますが、この強情の心が人間の自由を妨げている場合が多いのです。

では強情という心は悪い心かといいますと、そうではなく、強情でなければ、自分の意志を貫き通すとか、終始一貫するということはできません。問題は、強情の心のために、自由な発想ができなくなることにあります。

例えば、自分の受け持った仕事はきちんとしなければいけないと思って一生懸命努力して、ある程度、仕事のできるところまでこぎつけたとします。そこまで自分を高められたのは、強情な心が働いたからだといえます。

しかし、そういう努力をして自分を磨いてきた人は、そこまでの努力をせずに、いい加減な仕事しかしていない人を見ると、その人を不足に思い、とがめる気持ちになったりします。その時の強情な心は、その人との対応がうまくできない方に働くことになります。もし、その人が自分の部下として一緒に仕事をしているのであれば、対応の仕方を工夫して、仕事が支障なく進むようにするのが上手な在り方です。それが目上としての仕事なのです。

ところが、強情な心でその人をとがめる気持ちで対しますと、その人がどうして仕事がうまくできないのか考えてみる気持ちを持てずに、腹を立てて叱るということになるでしょう。叱るだけでは問題は解決しません。どうすれば、部下の仕事がうまくできるようになるかを工夫するのが、目上としての力量なのです。

仕事の仕方が分からない人、仕事の手順や段取りが悪い人、仕事をためる人、力以上の仕事を抱え込んで動きが取れない人などなど、仕事がはかどらない状態も一人一人みな違うわけです。

従って、部下の仕事がはかどらないことを不足に思うだけでなく、その人がどういう状態にいるのかを分析して、仕事ができるようになるよう指導するのが目上の仕事です。

ですから、人をとがめている時の強情の心は、自分の自由な発想を妨げ、人との対応を阻害していることになるのです。

このように、人間の心の動きを分析してみますと、感情そのもの――強情・不足・心配・悲観など――に善い悪いがあるのではなく、その感情にとらわれて自由な発想ができなくなることに問題があると分かります。

そして、その原因は、人間の感情を癖という形で固定化してしまう予断（あらかじめ、これはこうだ、こうでなくてはならない、という観念を持っていること）にあるということができます。

例えば、親が〈子は親の言うことを聞くのが当たり前だ〉という予断を持って子供に対しますと、自分の言うことをすぐ聞かない子に対して、怒るということになります。

しかし親が子供にものを言う時、子供はテレビを見るとか、勉強しているとか、漫画を読んでいるとか、何かをしているのですから、そのことを途中でやめて親の言うことをすぐすることができるかどうかは、子供の都合によるのです。

そういう子供の都合を無視して、何が何でも自分の思うようにさせたいと思って対するのは、あまり上手な育て方とは言えません。ちょっと子供の都合を聞いてあげるという心のゆとりを持って対する方が、育て方としては上手な在り方です。

そして、上手な子育てをするためには、〈子供は親の言うことを聞くのが当たり前だ〉という予断を考え直して、〈子供にも子供の都合があるのだ〉と思うことが大切です。そういう予断を見直すことが、心癖による自由の阻害を無くすための在り方です。

予断にとらわれず、現れてくる神業をうまく処理するための在り方は、自分に与えられた神業は自己表現の条件であると思って、その神業に順応して生きると心を決めて暮らすことです。

そういう覚悟を持たずに暮らしていますと、無駄な思いをいっぱい持ちながら日々を送ることになります。

芸術生活とは

「人は表現の態にて生きる」という事実をありのままに観察しますと、その時の表現の目的はいろいろありますが、それらの目的の中に一貫して認められるのは、自分らしさを表したいという欲求です。

食事という生存に欠くことのできない行動においても、私たちはただ単に食欲の満足だけではなく、その時の自分の気分や好みに合った食事をしたいと思います。

そういうことになるのは、人間の表現が自己と対象との間に成立することに由来しています。動物の行動は、対象の属性に対しての反応という形を取るので、習性という決まった行動となります。

一方、人間の場合は、対象との関わりにおいて、対象の属性に対してだけではなく、その対象の持つ意味や味わいを含めた関わりを自分の意志で決めるということになっています。

従って、人間の表現は、同じ対象に対して十人十色の表現をすることとなり、予測できないのです。もちろん、統計的な推測はできますが、動物の習性のようなはっきりとした類別の基準はないわけです。

第二代教祖は、そういう人間表現の種々相をじっと凝視して、「人生は芸術である」という悟りを開かれたのです。

人生を芸術と観じ人にわが説くよろこびはいのち死なしむ

人生を芸術と観ることわりの絶対性を證《あか》さねばならぬ

という短歌を詠み、この短歌の「自歌自釈」において、「本教（ＰＬ）が世にあらわれて自然美と人工美の区別をはっきりさせ、無限に人工美（一切——科学・宗教・哲学・教育等ことごとく——を芸術と観じての真理探究）の花を咲かすことが人生の意義の全部であることを闡明《せんめい》したのである」と述べられた後、現代社会における諸問題が「革命的新造型」を待っていると現代の状況を分析され、「そういうことを思うと、人生は芸術であることを実証する社会——地上天国を欣求《ごんぐ》してこれを実現させせんがために、この教えを説く喜びは『いのち死なしむ』（死んでもよいよろこびなのである）」とまで言っておられます。

このお歌にあるように、現代社会のすべては人間の手によって形作られています。そして、現代社会が直面している諸問題も人間の手によって解決する道を発見する（芸術する）ほかはないのです。

そういう内容を含めて、ＰＬ遂断詞《しきりのことば》は「大神《おおかみ》の恩頼《みたまのふゆ》のまにまに天地《あめつち》の法則《みのり》さながら世《よ》のため人《ひと》のため芸術生活《うるわしきたつき》に生《い》くる個性《さが》を授《さず》かり　人《ひと》の世《よ》の永遠《とわ》の自由《みさち》に献《ささ》げまつることを道《みち》と定《さだ》めしめたまう」と示しています。

この自然美と人工美との区別を自覚しないままに、人間の世界を論じているところに、人間についての科学が低迷している理由があると言えます。

人類は、自然界の示す秩序に自然美を発見し、それに準じる法則が人間世界にもあるという信念を持って、人間を研究してきました。自然美の追求と同じ考えに基づく観念の一つに、「人間性」という考えがあります。人間には本来備わっている人間らしさがあるはずだという考えです。

もし、そういう人間性というものがあるとすれば、人間性に反する行動をする人間は何かという問題が出てきます。中世期のように迷信的考えが承認されている社会であれば、悪魔のせいにすれば一応の説明がつきますが、自然美の考えでは、人間の善悪の問題を解明することはできません。なぜなら、人間は自由な存在ですから、その人の行動も後天的に学習し、教育されたもの（人工美）で、自然に備わっているもの（自然美）だけではないからです。

社会制度の違いが人間の倫理・習俗の違いとなり、その社会で工夫された道徳が善悪の基準となっているわけで、人類に普遍的に妥当する道徳の基準は今まで発見されていないのが現実です。

甚だ悲しい出来事ですが、母親が子供にCDを万引きさせて、それを売って金を得ていたという事件がありました。この母親の倫理観は金を得ることが基準であり、そのためには何をしてもよいということになっているのです。そういう母親に育てられた子供は、母親と同じ観念で暮らすことになるわけです。

同じような問題は、性道徳にも見られます。自然美の世界では、セックスは子孫を残すための生殖ですが、人間のセックスは、性行為によって得られる快感の追求がいろいろなセックスの形態を生み出し、本来の生殖とは関係のない性愛も認知される世の中になってきています。これらは人間が作り出した問題で、自然美の追求では解決のつかない問題です。

このように自由な人間表現は、さまざまな形態を生み出していますが、自然美を真理の基準とした思想では解決のつかない問題もいろいろと出てきているのが現代の様相です。

この現代の混迷を克服し、人工美としての自由な人間表現を判断する基準が「人生は芸術である」というＰＬ理念なのです。

人間表現に共通の要素

自由な存在としての人間表現に共通する要素が一つあります。それは自己という意識です。人間はいろいろなことをしますが、それらの表現は、いずれの場合も対象との関わりにおいて「こういう関わりを持ちたい」という〈自分の思い〉が中心となってなされ、その思いが実現できた時には満足し、実現できない時には不満を持ちます。

このように、自分の思いを実現することがすべての表現の中に含まれていることを思いますと、「人《ひと》の一生《いっしょう》は自己表現《じこひょうげん》である」というＰＬ処世訓が普遍的真理であることが分かります。

そして、自己を表すことを目的とする人間表現は、芸術という基準で判断することで、最も妥当な評価ができるわけです。

例えば、人間の生存にとって不可欠な「食欲の満足」ということを考えてみましょう。そういう基本的欲求においても、単に食欲を満たすだけでは満足できず、いろいろな調理方法を考え、食卓のマナーを考え、食器やスプーン、ナイフ、箸などの食べる道具にまで工夫を凝らすのは、人工美の世界です。食事の作法は、その社会が作り出した人工美であって、自然美の世界には無いことなのです。

そして、このような人工美の問題は、人間社会のあらゆる文化に見られることで、その解決策を自然美の考え方（自然界と同じように、人間社会にも自然法則があるという考え）で研究するところに、現代社会の混迷があるのです。

絵画の世界が、写実から印象派、キュービズム、シュールレアリスムと進展するに従って、表現技法が変わり、評価の基準が変化するように、人間社会のあらゆる文化の領域における評価基準は変化せざるを得ないのです。

そしてその変化は、自己を表現したいという基本的欲求によるものと理解するのが、「人生は芸術である」というＰＬ理念です。

おしえおや様は「人には、『自己表現権』が与えられている」と言っておられます。

基本的人権は憲法に規定されていますが、その基本的人権を支えるのは、自己表現権であることを明確に示されたわけです。

自由な自己表現は、この自己表現権によって基礎付けられ、あらゆる社会において、各人が自由に芸術生活を営む権利を持って生きているのです。

もちろん、人間は多くの人との共同生活を営んでいます。ですから、その自由は当然、社会生活という枠組みの中における自由で、その枠組みを超えての自由は法律で規制されることになります。

法律による規制は、その社会の特殊性によって、個人の自由を著しく抑制する場合もあります。しかし、時代の推移によって、自己表現権を容認する方向に向かって改善され、変革されていくことは歴史的事実として実証されているところです。

自己不在の表現は無価値

「人生は芸術である」というＰＬ理念を実行するに当たっては、何を基準にして表現すればよいかということが問題になります。

初代教祖は、「教師には短歌をやらせよ、そうすれば真理を早く理解できる」と言われました。そのお言葉を手掛かりに「人生は芸術である」を実践するための基準を考えてみたいと思います。

短歌は、事に触れて心に感じたことを三十一文字の歌の形で表現するわけですが、その時に大切になるのが感動の凝視です。

どういう感動を歌にしたいのかがはっきりしないまま作っても、良い歌はできません。それは、歌の評価基準が感動にあるからです。歌を鑑賞する場合、どういう感動をどういうふうに表現しているかに評価の基準が置かれますので、感動がはっきりしないということは、その時点で歌の価値は無いということになります。

これは私たちの日常生活の上にも言えることで、心が決まらないままに、ただ目の前に現れてくることに対応しているのでは、自己表現の元となる自分がいないことになります。

「心ここに在らざれば、視《み》れども見えず、聴けども聞こえず、食らえどもその味を知らず」という中国古典の名言がありますが、人間の行動は、心が伴わないと人として当然できることができなくなるのです。

見るということは、別に心して見なくても見えているはずですが、見たという意識が働かない（心が伴わない）と、見えているはずの物が見えていないことになるわけです。ＰＬでは心の伴わない表現を「自己不在」の表現と言っています。

雨の日に、電車の中に傘を置き忘れるというようなことは、傘を置く時に「ここに傘を置きます」と心を込めて置いていない、すなわち自己不在の表現になっていることに、その原因があります。

それと同様なことは、物をしまったところが分からずに、しょっちゅう探し物をすることにも言えます。自分のすることに心を留めていますと、後からそのことを思い出す時にもはっきりと思い出すことができるものです。「その書類なら、このキャビネットの三番目の引き出しの中にある」というように、はっきりと思い出せるのが普通の人間の姿なのです。

ところが自分のすることに心を留めていないと、後から思い出そうとしてもはっきりしないということになります。そういう意味において、芸術の第一の基準は、その表現に自己が存在しているか否か、すなわち心がこもっているか否かということになります。

目を向けると心がこもる

ＰＬ信仰生活心得第一条に「自分《じぶん》のすること言《い》うことに誠《まこと》をこめ、心《こころ》を行《い》き届《とど》かして暮《く》らします。」と示されているのは、「心のこもらないことには自分が存在しない。そのために人として当然できることができなくなる」という事実を教えてくださっているのです。それも、ちょっとした心遣いでできることです。

私たちの普段の生活を考えますと、いろいろなことをあれこれ考えながら暮らしています。それも無意識に考えていることが多いわけですが、そういう状態が「心が伴わない表現（自己不在の表現）」を生み出しているのです。

その表現に自分を在らしめるためには、自分のしていることに目を向けることです。人間の心は、目の向いていることに対して働くようになっているわけです。

旅行などに行っても、後から思い出すのは自分がいつも関心を持っていることで、あまり関心を持っていないことは思い出しもしないでしょう。

テレビの旅番組を見て、自分も行ったことがある街なのに、そんな物があったのかと初めて見るような感じを受けたり、新しい発見をしたりするのは、カメラマンが見ることろと私たちが見るところが違うからでもあるのです。

そういう大きな事柄だけでなく、毎日の生活の中でも、一つ一つのことに目を向けてみるといろんな発見があります。


当たり前のことにはあれど胡蝶蘭《こちょうらん》その二つ目の花はも同じ

この歌は、私が胡蝶蘭の花の特殊な形の持つ神秘さにふれて作った歌です。胡蝶蘭の花は、一つの茎に幾つもの蕾《つぼみ》がつき、それがだんだんと元の方から咲いていくわけですが、一つの花が咲き、二番目の花が咲くまで何日か日にちが空きました。いつ咲くのかなあと思って待っている時に二番目の花が咲いたのですが、一番目の花と全く同じ色、同じ形で、そして大きさまで同じだったのです。

そんなことは当たり前のことで、普段は気にも留めずに見過ごしてしまうでしょうが、何日も待ったことで、やっと咲いた花のその姿が私の心に新鮮な驚きをもたらしたのでした。そして、その驚きを歌にしたいという気持ちになり、前掲の歌を作ったわけです。

蕾が少し大きくなったなあ、少しほぐれかかっているなあと、蕾を見ていることが私の心を胡蝶蘭の方に引きつけ、新鮮な驚きをもたらしたのです。

このことと同じように、目を向けると自然と心がそちらの方を向くことになるわけですから、ＰＬ信仰生活心得を実行するポイントは、「自分のすること言うことの方に目を向ける」ということにあるのです。

そして、それもいつもいつも〈自分のすることに目を向けなければ〉と考えていなければならないのではなく、気持ちがよそに行っていると気が付いた時に、自分のしていることの方に目を向ける努力をすればよいのです。そうすれば自然と心がそちらを向き、その時にしていることに心がこもることになるのです。

心を行き届かせて初めて芸術になる

ＰＬ信仰生活心得は、芸術生活を実践するための指針として示されています。第一条にある通り、「誠を込め、心を行き届かす」ためには、自分の表現を工夫することが必要になります。

自分のしていることに目を向けると、そのことに対して心の働きが生じることになりますが、自分の表現を芸術にまで高めるには、創意工夫するということが必要になります。

「人は表現の態にて生きる」と言われているように、私たちは、対象との関わり合い（表現）を持つことで生きているわけです。

この対象との関わりは、対象とちょうどよい関わり合いでなければ良い表現になりません。

例えば、卵を割る時には、殻の固さを考え、ちょうどよい強さで卵を割らなければならないのと同様に、表現する時には、その時の対象の状態や性質を考えて、表現しなければなりません。

どういう対応がちょうどよい表現になるかを考え、工夫していくことが、人としての働きであるのです。

そして、そういう工夫する心の働きを生み出す行為が、「心を行き届かせる」ということです。

私たちの表現は、ほとんど習慣（癖）によって行われています。そのために、対象との関わりも、今までしてきた通りの関わり方をすることになっています。習慣で行われることは、特別心を煩わすことがありません。決まりきった関わりをしているわけですから、そこには喜びも感激も無いことになります。人間の表現は、その表現に心を使い、努力した程度に応じて喜びが深まるようになっています。従って、習慣で生活している人は喜びも少ないことになるのです。それだけでなく、習慣で処理できない事柄に対しては、不足不満の思いを持ち、感情に走ることが多くなります。初代教祖は、

誠なる心をまことにせぬものはおのがくせある我とぞこそしれ

という道歌を詠まれて、我とは癖であると教えておられます。生活の上に現れる癖は、生活習慣という形を取るということを知って、自分の生活の隅々にまで心を行き届かせるように心配りをし、ちょうどよい表現となるように工夫して暮らしたいものです。

実行律ということ

芸術において最も重視されるのは個性表現ですが、私たちの人生においても、自分に与えられている独自の個性を表現することが大切です。

なぜなら、生きているという生命の喜び（実感）は、個性表現している時に生まれるもので、人と同じことをしている時には、そういう心の弾みは感じられないのが普通だからです。

しかし、私たちの生活はほとんど同じことの繰り返しで、人と同じようなことをして一日を過ごしているのが現実です。そういう変化の少ない生活の中で、生きるという喜びを発見するためにはどうすればよいのでしょうか。

かつて、ある電器会社の工場が、ベルトコンベヤーの前に座って電器製品の組み立てをしている女性社員の生産意欲が低下し、事故が多発するという事態に直面しました。単純作業の繰り返しという仕事に対する倦怠感《けんたいかん》が原因でした。

この倦怠感を無くすために、いろいろな方法が考えられました。そして講じられたのが、自分の仕事に誇りを持ってもらう方法でした。

今作っている製品はトランジスタという部品を使った世界初の小型ラジオで世界の市場で注目されていること、昨日の生産高は○○であったこと、売り上げがどのように推移しているか、などの企業情報を社員全員に周知し、さらに作業改善案を募集して、一人一人が作業効率を高めるように工夫することを奨励したのです。

その結果、この工場は日本有数の優良工場として注目されるようになりました。

この例が示しているように、働く個人が自分のしていることに誇りを持ち、やる気になって仕事をするような職場であれば、その人の生活自体に活力がもたらされ、心弾む生活をすることができるのです。

勤務先がそのような制度を持ち、従業員に生きがいを与えてくれるような会社であれば言うことはありません。そういう理想的な会社でなくとも自分自身の自己表現をしていかなければならないのですから、自分でそういう活力のある生活をつくり出していく必要があります。

そのための在り方として、おしえおや様は「実行律」ということを説いてくださっています。

実行律とは、今までの思想にはなかった考え方で、「人生は芸術である」という真理の探究の過程で発見された真理です。

作者個人の持つ調べが豊かににじみ出ている芸術作品を鑑賞しますと、何となくほのぼのとした良い気分になります。

その気分は作者自身が良い気分で作品を作っているからで、そういう良い気分のない作品は駄目であるということを発見し、その作品を作っている間の良い気分（調べ）を、実行律と名付けられたのです。

内容律と形式律の一致を探求

人間の表現は、その時に出合った対象との関わりという形を取りますが、その場合に、表現の基準となるのは自分の気持ちです。目の前の対象とどう関わりたいか、またこういう関わりができればうれしい、という自分の気持ちが満足するように、努力し工夫する間の精神的緊張感とでもいうような喜びが表現には伴うものです。

そして、そういう作者の心の喜び（精神的緊張感）が作品ににじみ出ているところに、個性表現があるのであり、その表現の間の精神的喜び（プロセスの喜び）を実行律と名付けたのです。

人間の喜びには、刺激を受けることで得られる肉体的な快感、物質欲を満足させる何かを獲得することによる喜び、対象を愛することによる喜びなど、いろんな喜びがありますが、中でも実行律と言われる表現の間の喜びは、人間の生きがいの元となる喜びであって、実行律の追求こそが自己表現の目的でもあるのです。

実行律の喜びが発見されるまでの人間表現の評価は、その表現の結果によってなされていました。従って、画家や文学者など直接的に金銭の収入に関係ないと思われていることは「そんなことをしても、飯は食えない」と親から叱責《しっせき》されるのがおちでした。

ところが、そういう親の反対を振り切って芸術の道を選んでいる人がなぜそうしたかというと、芸術作品を作ることの喜び、すなわち実行律の喜びに取り付かれて、実行律を追求することに何物にも替え難い喜びを発見しているからなのです。

では、実行律というのは、芸術作品を作ることに限られているのかというと、そうではありません。人生のすべて、すなわち私たちの生活のすべてが自己表現であり、その自己表現をする間のプロセスに実行律があるのですから、実行律は芸術家の独占物ではないということになるのです。

しかし、私たちの生活の中に実行律があると言われても、普段の生活にそんな喜びがあるとは思えない人も多いでしょう。では、実行律とはどういうところに生まれるものかを考えてみましょう。

おしえおや様は、自分の仕事に一生懸命に打ち込んでやっている人の姿は美しいし、そこにはその人らしさ（個性）がにじみ出ている、と教えてくださっています。

この例をもう少し細かく観察してみますと、精神を集中して物事に取り組む姿は、自分と対象とが一つになっており、純一無雑の心境となっています。そこには悩みも雑念も無く、真実を表現することに全力を傾注している自分があることになっています。そして一心不乱に物事をしている人の姿は、人々に快い感じを与え、美しさを感じさせることになるのです。実行律とは、そういう自己表現に熱中しているところに生まれるすがすがしい心だということができると思います。

私たちは、自分の好きなことをしている時には、楽しく、いつまでもそういう状態が続けばよいと思います。ところが現実の生活では、したくないことやつらいことが多くて、したいことができる可能性のある時間は少ないように思われます。

嫌なこと、したくないことも、自分が手掛ける以上は、好きなことと同じ自己表現であることに変わりがないはずです。では、なぜ自分のする表現が好きなことと嫌いなことに分かれるのでしょう。

この違いをはっきりさせるために、ちょっと考えてみてください。好きなことはそのことをする喜びを知っているから好きなのであって、嫌いなことはそのことをする喜びを知らないから嫌いだということになっているわけです。

私は大学時代、「教育原論」という授業の内容がさっぱり分からず、〈こんな学問をする人はよほどの変人だろう〉などと思っていました。ところが後になって、教育学を専攻している人に聞くと、教育原論ほど面白い学問は無いと言うではありませんか。その言葉を聞いて「えッ」とびっくりしたことを思い出します。

私たちが好きだ嫌いだと言っていることは、単に自分がそのことの喜びを知っているか、知らないかだけの違いで、どんなことでも本気で取り組めば必ずその喜びを発見することができるのです。

ある先生の教話で、「人が物事をする時は、好きなことをする時のような心でするのが当たり前である。そうなれないのは、怠け心、執着心、物質欲だ」と教えていただいたことがあります。その教話を聞いて、なるほどなあと思いました。「この仕事を仕上げたら百万円やる」と言われたら、それこそその仕事に飛びつくだろう。しかし、何の報酬も無いことは進んでしようとは思わないだろう。そんなところに仕事に対する評価の基準を置くとしたら、それは拝金主義と言われても仕方がない、つまらない人間ということになるなあ、と思ったことでした。

生きている限り、自分の目の前に現れた神業との関わりは避けることはできないのですから、どんなことにも好きなことをする時のような気持ちで取り掛かりたいと思ったことでした。

第二条

人《ひと》の一生《いっしょう》は自己表現《じこひょうげん》である

自己は他己である

自分の人生をどのように考えるかということは、個々の価値観によって決まりますが、その価値観は、ほとんどの場合、物心付いて以降、周囲の人々の姿から学び取ることになっています。

そして、現代社会は経済中心の社会体制であるため、私たちの生活は、食べ物を買うにも、衣類を買うにも、すべてお金が必要だということになっています。

それだけでなく、お金さえあればほとんどのものが手に入るという状況は、金銭万能の状況をつくり出していますので、人間表現の評価もその表現がもたらす金額によって判断されることが多くなっています。

しかし、金銭だけですべての表現の価値を判断できないことは、震災などの救援活動におけるボランティアの活動、義援金への協力などの行動が高く評価されていることが示しています。

この世の中にお金で買えないものがあるということは、今さら言うまでもないことのようですが、頭で分かっていても実際の行動になると違うことをしてしまうのは人間の通有癖です。

特に、金銭に対してはその傾向が強く、お金に執着したり、給料の多寡でその人の能力を判定したり、仕事の価値を金額で評価したりすることが多いようです。

例えば、社会生活の役割を分担する職業を、給料を得るための手段としてしか考えない人は多いのではないかと思います。

しかし、職業は自己の働きを社会に役立てるためのシステムで、それが無いと社会人としての義務を果たせないことになります。

私たちの生活は、多くの人との共同生活の中で保たれています。食べるものも着るものも、自給自足することはできません。多くの人との共同生活であるからこそ文化の恩恵を受け、豊かな生活ができるわけです。

そして、共同生活の利益を享受する以上は、自分も社会の一員として共同生活の役割を分担する義務を担っているわけです。その義務を果たすためのシステムとして、職業があるのです。

従って、職業というものは、社会人としての義務を果たすための自己表現の場であるという認識を持って、臨まなければならないのです。

職場における自己は、単なる個人としての自己ではなく、社会人としての義務を持った自己であるということになります。仕事に対する心構えも、単なる個人の自己表現というものではなく、社会人としての義務を遂行する自己表現であろうとするべきです。

個人であれば、自分の好みやその時の気分で、したいことをしていればよいのですが、社会人としての自己には、仕事に対する責任ある対応を期待されることになります。そこに生じるさまざまなストレスは、職場における自己の認識のずれから生まれるものでもあるのです。

前述しましたように、個人としての自由という視点から仕事を考えますと、そこには個人の自由を束縛し、いや応なく仕事を強制する管理社会が目に付いてくるでしょう。

しかし、社会と隔絶した個人という存在は現実には存在しません。多かれ少なかれ社会の恩恵を受けて生きているのですから、社会との関わりを持たざるを得ないのが人間です。

その内容を、おしえおや様は「自己は他己である」という言葉で示してくださっています。

人間は神によって生かされて生きています。生かされているという面から言うと、自然法則の中で人間が生きているわけですが、生きるという主体性の面から言うと、人間表現は人工の世界（社会）において行われている表現です。

つまり、社会生活こそが人間が生きる世界であって、社会生活を離れての自己は現実遊離の考え、すなわち観念の上での自己に過ぎないのです。

言い換えれば、自分という存在は、社会のために何らかの貢献をすべき存在であって、社会的貢献のできない自己は、社会における存在価値が無いと言ってもよいくらいなのです。

「金銭に関係の無い仕事でも社会的貢献はできるのか」と言う人がいるかもしれませんが、社会的貢献とは、金銭で量ることのできるものだけではありません。人々の共感を得るとか、美を提供するとか、人々の助けになるとか、何らかの社会との関わりを持った表現には、多少なりとも社会的貢献度があるということです。

ＰＬ遂断詞《しきりのことば》に「世《よ》のため人《ひと》のため芸術生活《うるわしきたつき》に生《い》くる個性《さが》を授《さず》かり　人《ひと》の世《よ》の永遠《とわ》の自由《みさち》に献《ささ》げまつることを道《みち》と定《さだ》めしめたまう」と示されているように、私たち一人一人に個性が与えられているのは、「世のため人のために役立つように」という使命が与えられているということなのです。

自分のことだけしか考えない人に対して、「自己中」「我利我利亡者」などという蔑称が生まれる理由もそこにあるわけです。

「自己は他己である」という自覚を深め、対象との関わりを決定する時に、他のためになるにはどうすればよいかという視点から自分の行動を決めるようにしていけば、いつも楽しく幸せに暮らすことができるのです。

反対に、自分の利益や都合を中心に行動を決めようとすると、いろいろな悩みを生じることになります。

自分の都合を先に立てて自動車を運転しますと、ほかの人の車が邪魔になり、少しでも早く行きたいと思うあまり、信号機があること自体が不足になったりします。自分の都合を先にするのではなく、他人の都合の良いようにと思って運転すれば、とても楽しく運転することができるのです。

人のための自己（他己）という認識に立って暮らしていきたいものだと思います。

自己は対象との間に現れる

「人は表現の態《たい》にて生きる」という視点から自分という存在を見ますと、表現の態、すなわち対象との関わりの間に自己の内容が現れるのですから、自己という存在は自己と対象の間（関わり）に存在していることになります。

自己表現を全うするためには、対象の状態をしっかり把握して、その対象と自分の思いとの関わりを調整しなければならないのです。その調整をせず、自分の思いだけで対象との関わりを決めてしまうところに問題があるのです。

私たちの目の前に現れる対象（神業《かんわざ》）は、こちらの都合には関わりなく、突然目の前に現れるのですから、あらかじめ予定を立てて対応することはできません。それにもかかわらず、私たちは目の前に現れてくることに対して、ある程度の予想を立てて暮らしています。そこにいろいろな心癖が出て来る理由があるのです。

例えば、腹が立つということは、そうなるだけの理由があるから腹が立つのであって、手当たり次第に腹を立てて暮らしているわけではありません。物事が思うとおりにならないから腹が立つのでしょうが、そんなことは自分の周りにいっぱいあるはずです。

つまり、特定のことに対しては腹が立つが、自分ではどうしようもないと諦めていることに対しては腹も立たないというように、感情が出て来る経路は決まっている場合がほとんどなのです。自分の腹立てはどういう経路で出て来るのかということが分かると、感情の処理も比較的楽にできることになります。

そういう感情の経路を自覚せずに、ただ腹立ての感情を出すまい、腹立ての心癖のない人間にならなければ道は守れないと、自分の方ばかりを何とかしようとしてもどうにもならないのではないかと思います。

と言うのは、人は自分個人だけで表現しているのではないからです。表現は、自分と対象との関わりの中で成立するのですから、対象の方をちゃんと把握しなければ自分を表すことはできないのです。

そして、感情に走ることになるのも、自分の思いだけで対象と関わりを持とうとするところに、その原因があるのです。

人生は意志決定の連続

自己表現という場合の自己は、目の前に現れた神業に対して、こういう関わりをしたいという自分自身の思いです。私たちの表現は、目の前に現れた神業にどう対応するかを自分で決める（意志決定する）ことで始まります。

例えば、饅頭《まんじゅう》があるとします。その饅頭を食べるか、食べないで人にあげるかは自分自身が決めることで、そういう意志決定をいつもしながら暮らしているわけです。ところが、現れる神業が気に入らない、あるいは困ったことだという時には、その神業に積極的に対応する意志決定ができず、マイナスの方向の意志決定をしてしまいます。

このマイナスの意志決定は、嫌だ、したくない、という思いであり、自分を積極的に表現しようという姿勢ではありません。それでは自己表現は始まらないことになります。

ＰＬ遂断詞に「神業《かんわざ》のまにまに我執《おのれ》を捨《す》てて践《ふ》み行《おこな》うこそ　人《ひと》の人《ひと》たる真《まこと》の道《みち》と悟《さと》りて　今《いま》より後《のち》はひたすらにみおしえを守《まも》り　芸術生活《うるわしきたつき》の上《うえ》に自《みずか》らの個性《まこと》を表《あらわ》すによ

り」と示されているように、その時の神業に順応して生きるほかに、人間の生きる道は無いのです。

初代教祖は、「世《よ》の中《なか》にあらはれたる一切《いっさい》のものは皆《みな》ひとをいかす為《ため》にうまれたるものと知《し》れ」という人訓を授かって、この教えを始められました。

目の前に現れるすべてのことは、皆自分を生かすために現れているのだと思えば、何も悔やんだり腹を立てたりする必要は無いことになります。

ところが、ほとんどの人は、人や物事が思うようにならないと、それだけで自分の人生が駄目になってしまうように思って、そのことを不足に思ったり腹を立てたりして、感情に走るわけです。

しかし、人が自分の思うとおりにならなくても、それで人生が終わってしまうわけではありません。また、不利益なことが起こっても、それがそのまま自分の不幸を意味するわけでもないのです。

松下幸之助の伝記を読んでいますと、何度も経営の危機に直面し、それらの危機を一つ一つ乗り越えることによって世界的な企業を立ち上げていったという記述が目を引きました。

経営の危機というのは、物事が自分の思うようにいかないということであり、困った状況に直面するということです。その時に、感情に走らず、知恵を働かせて、その時の神業に適応した表現をしたところに松下幸之助の成功があったのです。

言い換えれば、目の前の神業が自分を生かすための神慮《みこころ》であることを信じて、その神業を白紙で受け止め、その神業にぴったり合った表現をするところに、自己表現の目的があるのです。

初代教祖が「教師には短歌をやらせよ、そうすれば真理が早く分かる」と言われたのは、短歌の表現を通して、真実表現のコツを分からせようとされたのではないかと思います。

短歌表現は、三十一文字という少ない言葉で感動を表現するという芸術ですが、その作歌を通して芸術表現のコツを体得することが「人生は芸術である」という真理を勉強する近道だと言われているのです。このお言葉をよすがに、自己表現ということを作歌の場合を例に挙げて考えてみますと、歌の中心は感動です。

しかも短歌の感動は、対象にふれて心に起こる細波《さざなみ》であって、対象の無い空想や主観だけの短歌は内容の無い空虚なものとして否定されます。それと同様に、私たちの自己表現も、具体的な神業との関わり合いに基づくもので、対象の無い表現はありえないのです。

従って、自己表現の中心は、対象との関わりをどうするかということになります。そこで、もう一度「人は表現の態にて生きる」ということを思い出していただきたいと思います。表現の態にて生きるということは、まず対象を理解して、それに対してどういう関わりをするかは自分自身が意志決定することだと言いました。

つまり、自己表現の出発点は、対象への理解ということになるのですが、その場合に、自分の都合や好みを先に立てて予断を持って理解しようとしますと、何らかの不都合を感じるのが普通です。

より良い対象との関わりを

ある時、地方のカッパ友の会の会合に招かれて、話をすることになりました。この時の対象は、カッパ友の会の会合に集まってこられる人たちです。話は、その人たちに合った内容でなければなりません。

そこで、話をする者として、そのカッパ友の会が今どういう状況にあるのか、いろんな人に聞いて調査しました。結果、カッパ座公演の券売りの献身が負担になっていることが分かりました。すると、話もそれに対応したものにしなければならないことになります。

ここまでで、話の内容をどうするかが決まりますが、券売りの負担感を無くすには「楽しんでやってください」という抽象的な表現では、問題の解決にはなりません。なぜ負担になるのかという具体的な問題の解決法を探す必要があります。そこで、その原因がどこにあるのかを考えます。

券が売れれば負担感は生じないでしょうから、売れないという状況にどう対応すればよいかということです。確かに、券売りという行為は販売が目的ですから、売れないことを苦にするのは当然のように思われます。

しかし、券が売れるという行為の結果は神様が下さるもので、こうすれば良い結果を授かるという便利な方法はありません。券を売るという目的に対して、「私はこういう方法で取り組みます」と具体的な行動を決意し、その行動（献身）を実行していくことが自分にできることで、結果は神様から頂くほかはないのです。

もうだいぶ前のことになりますが、三十軒訪問信芸という献身がありました。三十軒を訪問して教えの話をすれば、必ず信友を授かるという内容の献身でした。

言い換えれば、ひたすら誠を積んでいけば、その誠の積み重ねの上に神様が結果を授けてくださるという真理を体得するための献身でした。

結果は神様から授かるということを考えずに、何とか自分の力で結果を生み出そうとしますと、人に声を掛ける場合も、相手の顔色を伺って、買ってくれそうな人にしか声を掛けないようになり、また、声を掛けた人が買ってくれないと、駄目だと悲観することになります。

人には人の都合があるのですから、こちらの都合ばかり考えてもうまくいくはずはありません。それこそ三十軒訪問のように、三十人に声を掛けて一人買ってくれればというくらいの気持ちで、楽しくたくさんの人に声を掛けていただくのがよいと思いました。

そして、献身していく上での大切な心得として、気付かせていただいたことをすぐするということをお伝えすれば、きっと券売りを苦にすることも無くなるだろうと思いました。

さらに、人はすることの意義を自覚すると意欲が湧くという真理をお伝えするために、カッパ座の公演は子供たちの将来を幸せにすることを目的としているというお話をしようと決意しました。

それで一応の準備ができたわけですが、実際の話をする時には、どう話せば会員の方に喜ばれるかを考え、話の組み立てを考えます。

このように、自己表現の内容を検討してみますと、対象を理解し、その対象に合うように話をすることだけが自己表現の内容を形作っていることが分かります。

このことから、自己表現を全うするには、対象との関わりを良くするために、対象にマッチした表現をすることが大切だと言えます。

この現実を無視し、対象不在のままで、ほかに理想の表現があるように空想して思い悩んでいるところに、人類の迷妄の原因があるのです。

自己表現は、目の前に現れた神業に対して、ちょうどよい関わりをつくり出すところにあると知っていただきたいと思います。

今を生きる

一生という言葉を聞くと、つい生まれてから死ぬまでの人生を考えますが、私たちの生活は、目の前に現れてくる神業との関わりを積み重ねることで成り立っています。従って、誠の表現ということも、今の表現が誠であるのか、我であるのかが問題であって、人格そのものの問題ではないのです。

ところが普通の思考では、立派な人間は立派な行いをするであろうという前提に立って人を理解しています。みおしえを守れる人は立派な人であるに違いないと考え、自分のような至らない人間は到底そんな人格者にはなれないと思っている人が意外に多いのには驚かされます。人柄とその人の表現とは全く別の次元の話で、人柄の良い人がすばらしい表現をするとは限らないのです。その時の神業との関わりによる表現は心の状態によって左右され、人柄と表現とは必ずしも一致しません。

みおしえを守れる人は立派な人だという思い込みからは、自分には到底無理だと、みおしえの実行ができないことの言い訳も生まれるようです。そして、実行できない自分を慰め、安住してしまうのです。

そういう言い訳の元は、みおしえの実行＝心癖を無くすことだと錯覚している点にあります。みおしえの実行は、心癖の無い人間になることではありません。心癖によって真実表現ができなくなっていると教えられたのですから、心癖にとらわれないようにして真実表現をすればよいわけです。かんしゃく持ちだろうと、かんしゃくを起こさずに対象と関われればよいのですから、かんしゃくが出そうになったら気持ちを切り替えて、誠の表現をすればよいのです。

おしえおや様から「腹が立ちそうになったら、だんだん腹が立ってきたと言え。そうすれば気持ちを客観することができ、腹を立てずに物事を処理できる」と教わったことがあります。昔から「腹が立ったら十数えてから怒れ」と言うのも、経験知に基づいて腹を立てずに物事を処理する方法です。

私たちは、みおしえを頂いているおかげで、心癖が出そうになると気付かせていただけます。みおしえの実行ができる人は、心癖に気付いた時に、「ありがとうございます。おかげで気付かせていただけました」と神様にお礼を申し上げ、誠の表現となるように、気持ちを切り替えていきます。

逆に、みおしえの実行がうまくできない人は、〈ああ、まだみおしえが守れていない〉

と自分を責め、そういう心が出ないようにならなければと感情を抑えて、形の方ばかりを改めようとします。

そういう形でみおしえを守ろうとしますと、これはもう苦しいばかりで、みおしえを頂くことが重荷になり、〈PLの信仰はありがたいが、みおしえがなければもっとありがたいのに〉と変な気持ちになったりします。

みおしえは、癖（我《が》）だらけの凡人を誠の行いができるよう導いてくれる、ありがたい道しるべです。心癖が出ていることに気付けると、癖の出しっ放しという暮らしから誠の表現に立ち返るチャンスを得られるのです。

そして、神様に気付かせていただいたことを感謝すると、不思議に心が冷静になり、誠の表現をさせていただけるのです。

PLの教えは自己表現のためにある

道を守る、あるいは教えを実行する、と聞くと、多くの人は、人間表現の基準となる道があって、それにかなう在《あ》り方をすることだと思うようですが、人間表現にはそういう基準はありません。

なぜなら、人間の基準は自己の真実であり、真実は対象との関わりをどうするかという自己の決断に基づくもので、百人いれば百通りの関わり方が生まれるからです。

もちろん、人間は所属する社会文化の影響を受けて成長しますので、似通った関わりを取りがちですが、厳密な意味での自己の真実には自分独自の持ち味があり、個性表現のもととなるものです。この真実を表現することに、自己表現の目的があるのです。

ＰＬ信仰生活心得第一条、「自分《じぶん》のすること言《い》うことに誠《まこと》をこめ、心《こころ》を行《い》き届《とど》かして暮《く》らします。」は、この真実表現の在り方を示しています。

では、どういうことを誠と言うのかと問われると、ちょっと返事のしにくいところです。「誠を込める」とは、事柄ではなく、心の問題だからです。

もっとも、真実とはこういうものだと言葉で説明できなくても、それを知る方法はあります。自分が心から満足できる、納得のいく表現ができた時の心の状態が、真実表現のポイントなのです。

私は文章を書くのが苦手で、報告書も二、三行でもう書くことが無いというくらいでした。それで文学部に進学したのですから、悲惨な大学生活でした。何とか文章が書けるようになりたいと思い、いろいろ本を読んだり、習作のつもりで駄文を投稿したりしました。

そうする中である時、思いを十分に書き表せたという充実感を得ました。そして、誠を込めるとは納得できるまで努力することだと思いました。

言い換えれば、真実表現とは〈よし、できた〉と納得できるまで心を尽くし、努力することなのです。

普段の生活でも、一つ一つのことに自分の心が納得するところがあるはずです。対象と向き合った時、心に湧き起こる思いをそのまま表現する。それがＰＬ信仰生活心得第一条なのです。

自分のしていることに心を向けると、必要なことに気付けます。ところが、私たちは心が向かないままにしていることが少なからずあります。人の所作が気になって〈またあんなことをしている〉と不足を思いながら仕事をしている時、何かに気を取られて手元がおろそかになっている時は、心が自分のすることに向いていない状態です。

せっかくの自己表現の「自己」がいない表現、自己不在の表現をしていることになります。

自己不在の表現になっていると、人間として当然気が付くべきことにも気付けないことになり、事故に遭ったり、ケガをしたりすることになります。それだけでなく、今していることの味わいを感じられなくなります。

人間の喜びにはいろいろありますが、物事の味を味わう喜びほど心の豊かさを生みだすものはありません。そして、物事の喜びはそのことに心を向けて心を働かせた程度に応じて感じられるもので、自分から心を向けていかないと得られないのです。

物事の面白さは自ら発見するもの

だいぶ前のことになりますが、テレビで「ゴルフなんてものをやるやつの気が知れない。棒切れでボールを転がして何が面白いのか」と言い放っていた芸能人が、何かのきっかけでゴルフを始めた途端、ゴルフ礼賛者に変わったのを見たことがあります。物事の面白さや味わいは、自ら積極的に味わって初めて分かるものであることの証左と言えましょう。

私たちの生活の中で手掛けることにはすべて、そのことをする味わい（喜び）があります。それを味わいながら暮らすところに、生きる喜びがあるのです。

画家が制作に夢中になるのも、絵を描く喜びにどっぷりとつかっているからで、それほどの喜びが表現にはあるのです。

それは何も専門芸術の世界に限られたことではなく、私たちの生活すべての面において言えることなのです。

家事評論家の西川勢津子さんの話を聞くと、掃除ほど面白いものは無いということです。主婦にとって煩わしい家事である掃除も、その面白さを発見した人にとっては何物にも替え難い喜びをもたらすものなのです。そして、その喜びは特別のことではなく、一生懸命すれば誰でも味わえるのです。

「人生は芸術である」というのも、生活そのものを個性を表現するための場（キャンバス）であると認識して、その時その時に直面する物事の味を味わえる生活をしようということです。

ＰＬの教えはそういう喜びのある生活、すなわち自己表現のための教えですから、教えを実践することは、何物にも替え難い喜びを発見することになるのです。

第三条

自己《じこ》は神《かみ》の表現《ひょうげん》である

3

自己とは何か

りなす。

「人は表現の態《たい》にて生きる」という原則から考えますと、表現の主体は「自己」となります。

しかし、肉体としての自己は、「肉体を鍛える」などというように、表現の対象となることもありますので、主体とは言えません。

それでは精神はどうかというと、精神も肉体と同様、「精神を鍛える」というように表現の対象となりますので、やはり主体とは考えにくいものです。

表現の主体としての自己が肉体でも精神でもないとなると、違う何かであるとしか思えません。

では、実際に表現の上に現れた自己とはどういうものかを手掛かりに、「自己とは何か」という問題に取り組んでみましょう。

ＰＬでは、真理を探究する手段として、短歌を修行の課題としています。短歌表現における自己とは、どういうことを指しているのでしょうか。

短歌は、対象にふれて自分の心に起こる細波《さざなみ》を三十一文字の形で表現する芸術ですが、この「心に起こる細波」にその人らしさがあるのです。

私たちが日々の生活の中で出会う人や物事は、心を留めて見ない限り何の感動もなく過ぎ去っていくものです。ところが、そういう生活の中で、ふと心に留まる対象がありますす。その時、心に起こる揺らめきが短歌の感動です。

この感動が作品の上にそのまま表現されている時に、その歌は良い歌である、その人らしさが現れていると評価されます。

このように考えると、芸術作品に現れるその人らしさは、作品の上に表現される作者の思い（感動）だと分かります。

神の表現としての自己は､その時に目の前に現れてくる神業《かんわざ》（人や物事､事情など）との関わりの中で表現される自分の思い、感動である、ということができます。

日々の生活においても、私たちは神業との関わりの中で自分の思いを表すという形で生きていますから、自己表現の基準は自分の思いをそのままに表すということになります。

もっとも、その時の自分の思いが自己表現の基準だと言われても、それをそのとおり肯定することには躊躇《ちゅうちょ》せざるを得ません。

生活の中での私たちの思いは主観に基づくもので、時として怒る、急ぐ、憂える、悲しむという感情にとらわれ、真実以外の思いを持つことがあるからです。

もちろん、人間は主観の動物で、主観そのものに個性が現れるのですから、主観自体が悪いということはないのです。問題は、心癖によってせっかくの主観が歪《ゆが》められてしまうことです。

人は、直面する神業に対し、こういう関わりをしたい、こういう関わりができればうれしいという思いを持ち、それがきちんと表現できた時に、自己表現が全うされたと満足します。

心癖によって、その関わりが思うようにできないところに現実生活の悩みが生じるのですが、その悩みは善悪で判断すべきものではなく、上手下手の問題として考えるべきなのです。

例えば、商談の途中で相手の発言内容に腹を立て、その商談をやめてしまうということがあったとします。腹立てやかんしゃくの心癖で主観が歪められた一例ですが、商談をまとめて利益を得ようとしたのに、かんしゃくを起こして棒に振ったという理解は、金銭で行為の価値を計るという経済社会の一般的な考えです。

一方、自己表現という視点から考えてみますと、商談を通して相手の欲求に応えることが自分の思いだったはずです。本来の目的は、その実現のために努力工夫することで、この場合は心癖によってそれが不首尾に終わったということになります。

言い換えれば、商談を始めるに当たっての最初の思いに「神の表現」としての自己の発現があるのです。心癖に気を付けながら、第一感を実現しようと一生懸命努力すれば、自分に与えられている力（神の表現）を存分に発揮することができたはずです。

神に依《よ》る自己表現とか、神の英知を授かるという言葉で教えていただいている境地は、この第一感を実現しようと懸命に努力精進している時に現れてくる「神の表現」としての自己の姿なのです。

「神の表現」とは

「神の表現」という言葉は、非常に深い意味を持っています。言葉での説明は難しいので、事実を検証することでその内容を推察したいと思います。

第一の事実は、現在の社会生活の大部分は人間が創造したもので覆われているということです。衣食住のすべては、自然そのものではなく、何らかの人工的処置がされています。人間社会を構成する社会制度のすべても人間の手によって作り出されたものです。人間以外の動物が習性によって生存が規定されているのに対して、人間の場合は、肉体の構造と個性とが神から与えられているわけで、それ以外の制度はみな人間が創造したものです。

第二の事実は、人間表現に関する法則として、人律《じんりつ》と神律《しんりつ》という法則があるということです。

有史以来、人間は生活を便利にするためにいろいろなものを作り出してきました。そして、共同生活を円滑に営むための決め事（約束）を定めて、生活の安寧を保ってきました。その結果、種族や地域独特のさまざまな習俗や法律、道徳が制定され、人間表現を規制する基準と考えられてきました。

それらは国や地方によって多彩な形を取り、人間すべてに普遍的に妥当するものはほとんど無いと言ってもいいほどです。

例えば、イスラムの人々は、今でも厳格な食物タブーの中で暮らしています。このように地域によって異なる人間表現の基準を人律と言います。人律とは、その地の事情に応じて人間同士が取り交わした約束という意味で、時代とともに変遷していくものです。

それに対して、神律は人間表現の自然法則であり、人類のすべてに妥当する法則です。その内容は、ＰＬの教えによって初めて「みしらせ・みおしえ」の真理として明らかにされたものです。

神律は、人間の自然に関する法律ですから、生きることに直接関わっている法則です。例えば、事故によって体に苦痛を感じられなくなると、自力での生存が困難になります。人間の生命維持は、体に苦痛を感じることによって支えられているわけです。

私たちは空腹という苦痛を感じたら食事をし、体に必要な栄養分を補給します。普段の生活では空腹を苦痛と感じることはありませんが、それは苦痛を感じるまで空腹をこらえることなく、すぐに必要な措置、つまり飲食ができているからです。

そのほか、人間の体は熱い、冷たい、痛いという苦痛を感じるようになっていますが、それらが程度を超すと、死という事態につながります。

はっきりとした苦痛を感じる病気の場合は、何らかの処置を取ることになります。

ほとんどの人はその苦痛の持つ意味については分からないままに処置を受けます。しかし、苦痛が生命維持に重要な意味を持っているのならば、知らないままに暮らしているということは大変なことです。

私たちの人生に病気がどのような意味を持つかは、ＰＬで「みしらせ・みおしえ」の真理が明らかにされて初めて分かったことです。その意味とは、主観的な偏向による表現の歪みに対する警鐘であるということです。

人間は自由な存在ですから、自分の主観に立って表現しています。その主観がその時の真実表現であればよいのですが、主観の持つ偏向で真実が歪められると、私たちの生きる理由が失われることになります。

私たちは一人一人、独特の個性を与えられ、その個性を世の中に現して世のために役立つ働きをするという使命を与えられています。加えて、私たちは「表現の態にて生きる」という制約の下にありますから、個性も表現の上に表すほかないわけです。

ところがその表現は、主観に歪みがあると対象の本当の姿は把握できなくなり、それに基づく表現にも歪みを生じます。その歪みは普段の生活の中で言えば、心の歪みであり、心の無理なのです。

神律は人間存在の自然法則

人間も動物の一種で〝人類〟と分類されているように、動物と同じ部分もありますが、その生存の仕方を見ますと、他の動物とははっきりと違う部分があります。

例えば、生きるという面では、人間も動物も同じようにその時の神業との関わりという形を取りますが、動物の反応は習性という一定の形に限られます。

それに対し、人間は一人一人違う形を取ります。そして時には、神業の一部を変更して関わりを持とうとします。暑い日に、涼を取ろうと工夫するのは人間の対応の特殊なところです。別に取り立てて言うべきほどのことではないようですが、こういうことができるところに、人間存在の存在理由があるのです。

初代教祖が幽祖《かくりおや》の遺言を守って悟られた人訓に、「世《よ》の中《なか》にあらはれたる一切《いっさい》のものは皆《みな》ひとをいかす為《ため》にうまれたるものと知《し》れ」というのがあります。この悟りは、従来の人間観を大きく変えるものでした。

それまでの人間観は、人間は神の被造物であり、地球上に存在する動植物の一種であり、その生命は他の生命体の生命と同じ価値を有するというものでした。

この従来の人間観を変革し、人間が万物の霊長であることを明確に規定し、現実生活における人間文化の存在理由を示すものが、この初代教祖の悟りだったのです。現代社会を構成する文化は、人間の自由と創造力が生み出したものであり、それを可能にしたのは、ほかならぬこの世の仕組みが「世の中にあらはれたる一切のものは皆ひとをいかす為にうまれたるものと知れ」だったからなのです。

自然界における動植物は、弱肉強食という原理の下、同一種族間の争いは相手を殺戮《さつりく》するまではしないという習性によって守られています。一方、人間は表現という生存の形を取っているため、実にいろいろな表現を生み出しています。その自由性は自然界の弱肉強食の原理を超えて、勝手気ままな殺戮まで行うことになっています。

社会生活の安全を保つには、法律で行動を規制しなければなりません。法律の枠に入らない行動は、道徳や習俗で規制されますが、人間が絶対に守らなければならない善は決まっていないのです。

言い換えれば、人間は自由気ままに生きてよいのです。ただ、一人一人が自由気ままに表現するとなると、社会生活を円滑に営めないので、さまざまな規則（約束）を作っているわけです。

ところが、現実生活の中に現れてくるもののうち、今一つその持つ意味が分からないものがありました。病気や不幸といった苦痛を伴う現象です。私たちは、それらの現象が「みしらせ」であると知っていますが、それは「みおしえ」を頂いて初めて分かる神律の世界です。

ある女性、Cさんの体験を例に、神律の説明をしてみます。

学生時代、寮生活をしていたCさんは、ある日、腹痛を起こして同室のBさんに病院に連れて行ってもらいました。病院で薬をもらっての帰り道、Bさんに「PLの教会でみおしえを頂くといいよ。あれはよく当たるよ」と言われて、みおしえを願ってみたのです。一週間ほどしてみおしえを頂き、Cさんはびっくりしました。普段から悩んでいることが示されていたからです。

寮生活をしていると、友達が「買い物に行こう」とか、「テニスしない?」とか、何やかやと誘ってきます。気乗りしない時もありましたが、断ると気を悪くしてもう誘ってくれないかもと思い、断れずにいたのです。

教会の先生に、「思い切って自分の気持ちをはっきりと伝えた方がよいですよ」と言われたので、「ごめんね。ちょっとレポートを書かないといけないから、また今度誘ってね」と言ってみました。友達は「ああ、そう。じゃ今度ね」と、あっさり一人で出掛けたのです。それ以後、Cさんは少しずつ気持ちを素直に表現するようになり、見違えるほど明るい女性になりました。Cさんは、人の気持ちを忖度《そんたく》するあまり、言いたいことも言わずに我慢していたのです。

「人は表現の態にて生きる」という真理がある以上、表現の歪みは人生に歪みを生み出します。その歪みは何らかの痛みとなり、私たちの体の上に現れるのです。心理的な抵抗が痛みを生み出すと考えれば、より分かりやすいでしょうか。

人は、こう言いたいと思ったことは素直に表現する方が自然なのです。他人に対する遠慮や気兼ねから言わずに済まそうとすることは、生きるという自然の姿を抑制することになります。

だから以前のCさんは何となく暗い感じを人に与えていたのです。気兼ねなく、自由に表現するようになった彼女は、年齢相応の朗らかな明るい女性になりました。

この例が示すように、神律は人間表現の自然な在《あ》り方を示すもので、国や地域に関係なく、人間すべてに妥当するのです。

「人を生かす」ということ

前述の「世《よ》の中《なか》にあらはれたる一切《いっさい》のものは〜」という人訓を字面どおりに解釈して「一切のものが人のためにある」かのように思うとしたら、ちょっとおかしなことになります。

人間は自分の力でこの世に生まれてきたわけではなく、宇宙の秩序の中で生を受けて生きているわけです。この人間の生存様式は「人は神によって生かされて生きている」と表現されます。言い換えれば、「神によって生かされている」という基盤の上に「生きている」という人間の自由があるわけですから、「人を生かすために現れたるもの」とは、「自分の個性を発揮する」という人間の使命を全うするために現れているのだと理解しなければなりません。

そう理解しますと、目の前に現れてくる神業は個性表現のための素材（材料）であって、神業の内容によって人間の幸・不幸が決まるのではないと分かります。

ところが私たちは、神業の品定めをし、都合の良いことであれば幸せと思い、都合が悪ければ不幸を感じて悲観するということになりがちです。

毎日の天候も晴ればかりではなく、雨の日もあれば暴風の吹く日もあるのが人生です。神業に幸・不幸があるのではなく、その神業との関わり合いに人間の個性表現があるのです。

そして、その時の表現の素材として目の前の神業に対してどのような関わりをしようが、その表現に対しては神様から全権を委託されているのです。いわば、私たちは、神の代理として現実世界の経営を任されているのです。

例えば、部屋の模様替えを思い立ったとします。部屋の状況を見て、家具をどこに置こう、カーテンはどうしようと、暮らしやすいように工夫を凝らすでしょう。それと同様に、目の前に現れてくる神業は私たちの自由な発想に基づいてどのような関わりでも持つことができるようになっています。

ところが、こういうことはこうしなければならないとか、子供は親の言うことを聞くべきだとかいうような固定観念で神業と向かい合うために、自由な関わりができなくなるのです。

自然な心で神業と向き合っている時は、あるがままを受け入れ、十全な理解ができるので、その神業に適応した関わり合いを全うできますが、固定観念にとらわれていると、その部分だけ心が閉ざされて神業の理解が届かないことになります。

受験に失敗するのは望ましくない、合格すれば幸福だというのが一般的な考え方です。私も一度入学試験に落ちるという経験をしましたが、それが現在の自分をつくっていることを思いますと、現れてくる神業は自分を生かすためのものだったということを今しみじみと感じています。

不合格をきっかけに、一つ一つの知識を確実にしていくという勉強法に切り換えたことが、その後の成績アップにつながりました。

「人を生かす」ということは、その人にとって都合の良いようになるということではなく、その人の芸術の素材として現れているということなのです。

神に生かされている自己

ＰＬ処世訓の「自己《じこ》は神《かみ》の表現《ひょうげん》である」を生活の中で実行していくには、「神の表現」という字句をどう解釈するかという問題を解決しなければなりません。

普通に解釈しますと、神の代行者としての人間という理解ができます。確かに、この世の中において、自然現象以外の新しいものはすべて人間の手によって生み出されたもので、神様が自分の意志で新しいものを創造するということは考えられません。

薬に対する耐性を持った新種の病原菌が出てくるなどの現象は、神様の創造のように思われますが、それも人間が新しい薬を生み出したことによる波及効果であって、新薬の製造という行為があって初めて現れた現象ですから、この世の新しいものの創造はすべて人間の手でなされていることは明らかです。

しかし、神の表れとしての存在であるとは、神によって生かされているということにほかなりません。神の代理者という絶対主権の発動は、神に依るという基本姿勢があって初めて全き働きを持つのであって、神を離れての自由な自己表現は不可能なのです。

言い換えれば、神（宇宙全体）の一部分としての自己であることを忘れての自己は、孤独な存在に過ぎません。他との関わりの無い自己は孤独に陥り、存在理由の基盤を失うことになるのです。

震災などのボランティア活動に参加した人からは、「多くの人とふれあい、新しい自分を発見した」「人間は一人では成長できない。互いに支え合いながら生きていると分かった」「生きがいを発見できた」「活動を通じて多くの友人や仲間ができた」といったことが口々に語られます。

人間という存在、すなわち自己は他の人々とのつながりの中で存在意義を見いだす存在であることを示していると言えましょう。

逆に孤独の淵に迷い込み、絶望して自殺という道を選んだ人の「生きていてもつまらない」「生きる望みが無くなった」という言葉と重ね合わせてみますと、他の人との絆《きずな》が私たちの生きがいを支える上にいかに大きな働きをしているかが分かると思います。

以上の事実が自己表現の前提条件ですから、「世の中にあらはれたる一切のものは皆ひとをいかす為にうまれたるものと知れ」という初代教祖の授かられた真理は、他との関わりにおいて生きる人間存在の本質を示していると言えます。

ところが、人間は主観の世界に生きているために、ややもすると主観に執着し、本来の働きを失いがちです。だからこそ、ＰＬ遂断詞《しきりのことば》では「光遍き大元霊《ひかりあまねみおやおおかみ》の恩頼《みたまのふゆ》もて永《なが》く楽《たの》しく現世《うつしよ》の幸福《みさち》を蒙《かかふ》らしめたまえ」とお願いしているのです。

主観に立って現れてくる神業を受け止めますと、できれば良いことばかり起こってほしいと思うものです。

その主観の世界をちょっと離れ、真理の上から客観的に見ると、不幸・病気という事象が含む苦痛は、その人を幸せに導く、生かすためのみしらせであると分かります。従って、現れる神業を喜んで受け止めて、その神業との関わりに全力を挙げることが個性表現の道なのです。重大な意味を持つのは「喜んで」という点です。喜んでいそいそと取り組む姿が誠であるのですから、それが本来あるべき人の姿の前提なのです。

このように言うと、「全力を挙げる」という点で勘違いをする人がいると思いますので、一言付け加えます。その時の神業との関わりに全力を挙げるとは、対象に対してちょうどよい関わり方をするということです。

卵を割るのであれば、ちょうどよい力加減で割るのが全力です。全力を挙げるとは、自分の持つ人間力のすべてを働かせる、という意味なのです。「全力」という言葉の意味を、表現と関係の無い概念としてとらえますと、力いっぱいという解釈も成り立つからややこしいわけです。

我執を捨てて誠の表現を

ＰＬの教えは表現の教えですから、具体的事実を想定しながらその内容を把握しなければなりません。先のＰＬ遂断詞にある「今《いま》より後《のち》はひたすらにみおしえを守《まも》り」という表現も、「芸術生活《うるわしきたつき》の上《うえ》に自《みずか》らの個性《まこと》を表《あらわ》す」という具体的な表現との関わりにおいて理解する必要があるのです。

「芸術生活」とは神業との関わりにおいて、自分の感動を過不足なく表現することで生み出される自他祝福の生活です。

かんしゃく持ちの人がかんしゃくを起こさずに芸術生活を送れば、みおしえを守って個性を表すことになるのです。今の表現が誠の表現であればよいのであって、かんしゃくの心癖が無くならなければみおしえが守れないというわけではないのです。

そういう意味において、「神の表現」も、神の代理者という潜在能力を与えられていると理解すべきです。潜在能力とは、積極的に働かさない限り現れてこない能力ということです。

例えば、今この原稿を書いているパソコンは、いろいろな機能を持っています。しかし、私は原稿や年賀状を書いたり、メールをやり取りしたり、インターネットで調べ物をしたりするくらいです。

私がパソコンを使いこなせないため、機能のほとんどを埋もれたままにしている、すなわち潜在能力にしてしまっているわけです。

私たち人間に与えられている能力は、現代文化のすべてを作り出すほどすばらしいものですが、自分にもその力が与えられていると自覚している人はあまりいないのではないでしょうか。

アインシュタインも、ピカソも、松下幸之助も、同じ人間です。潜在能力として与えられている力を発揮し、それぞれの分野で偉大な成果を挙げたのです。

潜在能力を働かせるには

では、どうすれば潜在能力を働かせられるかというと、一事に熱中し努力することです。人間の力は努力練磨することで磨かれ、発揮されるようになっています。

逆に、使わずにいると退歩します。入院生活で寝たきりになると、退院後はリハビリで機能回復を図らないと前のように歩けないなど、身近にしょっちゅう起こっていることでもあります。

神の表現としての自己の能力を最大限に発揮するには、表現能力を高める努力が必要です。第二代教祖はＰＬ学園野球部員に、「一にも練習、二にも練習、ひたすら練習に打ち込め」と指導されたそうです。技術の向上の上に、徹底した練習による肉体的能力の練磨が必要だと教えられたのだと思います。

人間の能力は肉体的能力だけではなく、知的能力、感覚的能力、精神力などがありますが、それらも意識して努力すれば練磨できます。具体的な能力は実践によって成果が上がるもので、単に話を聞いて理解しただけでは能力の開発はできないのです。

今一つ、能力の練磨の上で大切なことは、ＰＬ遂断詞に「我執《おのれ》を捨《す》てて」と示されていることです。「我執」に「おのれ」とルビが振ってあるのは、人間の自己意識のほとんどが執着心によって形成されているからでしょう。金や物、名誉や地位、肉親愛に怠け心、さまざまな執着心が自己意識を取り巻いているために、歪んだ神業の受け止め方をしてしまうことになります。人間の表現は受容の段階で歪むと、表現が歪むだけでなく、自己の能力の発揮をも妨げることになるのです。

抽象的に「自我無き境地」とか、「客観の境地」などと考えるのではなく、神業を喜んで受け止められない時には、「この神業を喜べないということは、何かに執着しているからだ」と反省し、遂断って「この神業は自分を生かすために現れているのだから、きっといいことになる」と、改めて神業を頂き直すことです。

心の姿勢を正すことで、客観の境地に立って白紙で神業を頂けます。言い換えれば、それは意識してそういう心構えをつくらなければできないのです。

私たちはたくさんの心癖を持っています。誠の表現をさせていただくには、「我執を捨てよう」「客観の境地に立って、白紙の心で神業を受け止めよう」と決意してかかる必要があるのです。

第四条
表現《ひょうげん》せざれば悩《なやみ》がある

人は表現の態にて生きる

序章で述べたように「人は表現の態《たい》にて生きる」存在ですから、表現しないということは、自ら生きることを放棄していることになります。

なぜそういう状態に陥るのかと言いますと、表現の態がその時に目の前に現れてくる神業《かんわざ》との関わりによって成立するからです。特に、その神業が予想を超えたことで、どうしたらよいか分からなくなると、手をこまねいて思い悩むことになりがちです。しかし、そういう時でも、今すぐにできることは何かあるはずです。

ある教会が、借家契約の期限が迫って立ち退かなければならないことになりました。そこで思い切って教会を新築しようということになったのですが、献金が思うように集まらず、建築計画は頓挫していました。そんな折でしたので、私がそこに教会長として赴任した時、就任奉告祭に参列したのは十人ばかりでした。お借りしていた家は日本家屋で、八畳と六畳の和室を広間にして、その周囲の廊下に薄縁《うすべり》が敷いてあるのですが、長い間に汚れがたまり、はがしてみると廊下は真っ黒になっていました。そこで、参列者の皆さんに「借りた家をきれいにして大家さんにお返ししましょう」

と呼び掛け、大掃除に取り掛かりました。初めは廊下の汚れをたわしに洗剤をつけてごしごしこすって落とすという作業でしたが、「畳も汚れているからお酢で拭くといい」という人が現れて畳を酢で拭き始め、「天井もきれいにしよう」「床下も」「庭の草取りも」となって、大掃除がどんどん進んでいきました。

私としては、まず目に付いた廊下の汚れをきれいにしようと思いついて始めたのですが、このことが契機となって、教会建築の方にも動きが出てきました。集まっている金額内で購入できる土地探しが始まったのです。

最初は畑の隅の三角形の土地でしたが、二度三度と候補地が変わり、最終的には倒産した会社の工場の土地を早く現金に変えたいという人に出会い、街中の土地を百坪ほど手に入れて教会建築を達成することができたのです。

「何もしたくない、どうも意欲が出ないという時には、机の引き出しを引っ張り出してひっくり返せ。その引き出しを元のように直しているうちに、何かをしようと思うものだ」と教えていただいたことがあります。

人間はじっとしていて意欲が出るということはありません。まずは行動を起こすことです。その時に思いついたことを始めると、次にするべきことが出てくるのです。

意欲は後から付いてくる

芸術生活の基本は、物事に誠を込めるということですが、誠を込めるにはどうすればよいかということはなかなか言葉では説明しにくいので、誠を込めている人の姿を考えてみましょう。

陶芸家がろくろを引いている姿を想像してください。手先の感覚に集中して、一心不乱に作業しています。陶芸家の心を占めているのは茶碗を作ることだけで、その他のことは何も無い状態であろうと推察されます。いわゆる＊三昧境《さんまいきょう》と言われる姿がそこにあり、誠を込めることの実例と言ってもよいでしょう。

精神の集中は気持ちの高まりが生み出すもので、だらっとしている時には緊張感は生まれません。従って、物事に誠を込めるためには、心の緊張感を高める必要があります。そんなにいつもいつも緊張して暮らすことなどできっこないと思われる方も多いと思いますが、心の高まりは目の前の物事に心を向けることから始まります。

人間の心は、すぐに理想的な緊張状態になることはありません。次第次第に高まってくるもので、その高まりを促進する方法を決めておくと、精神の集中を比較的自然に生み出すことができます。

仕事のようにはっきりと決まっていることであれば、宝生して遂断るという方法がありますｏ宝生の神事には、おしえおやの遂断が込められていることは皆さんよくご存じだと思います。

そのおしえおやの遂断のお徳を頂くという意志の発動が「宝生する」行為にはあるのですから、物事に誠を込めるための意欲を起こす第一歩になるのです。

そのほかにも、自分で意欲を起こす方法はいろいろあると思いますが、私は短歌を作る時に好きな歌人の歌集を読むようにしています。最初のうちはあまり弾んだ心ではありませんが、読んでいるうちに気持ちがだんだん高まり、作歌の意欲が湧いてくるのです。

何もしたくないからしないというのでは芸術は始まりません。何でもよいから気付いたことを始めてみると意欲は後から付いてくるものだと知っていると、いつも楽しく暮らすことができます。

＊心を一事に集中して、雑念を離れた忘我の境地

誰でも誠の生活はできる

私たちは誠という言葉をよく使いますが、「では誠とはどういうことですか」と聞き返されると、答えに窮します。誠の人、誠の行いという言葉でイメージしているのは立派な人の行いという抽象的な解釈で、「誠とはこういうことです」という具体的な答えは持っていないからです。物事に誠を込めるのが芸術だというＰＬの教えも、具体的に受け止めているのではなく、何となく立派なことをすればよいのだくらいに理解しているのではないでしょうか。

先に陶芸家を例に誠の姿を説明しましたが、もっと分かりやすく言えば、「人は好きなことをしている時は誠の表現をしている」のです。

好きなことをしている時の自分を思い起こしてみてください。ワクワクしているでしょうし、精神を集中しているでしょうし、創意工夫もしているはずです。

そういうふうに積極的に物事に取り組んでいる姿が誠の姿です。何かをする時に、好きなことをしている状態になれば、誠の表現ができるのです。そして、自分の心を好きなことをしている状態に持っていくことは可能なのです。

嫌だ、面倒だ、どうしてよいか分からないという思いでいると意欲の湧かしようはありません。逆に、好きだ、面白そうだ、楽しくやるにはどうすればよいかというように考えていくと、意欲が湧いてきます。好きなことをしている時の心をイメージして、そうしようと思えばそうなれるのです。

そんな心の立て直し方を知らないために、多くの人は、目の前に現れた神業に対して嫌々ながらとか、しなければならないからとか、さまざまな雑念を抱えて臨むことになっているのです。

おしえおや様は「人生は芸術である、楽しかるべきである」と教示されています。目の前に現れてくる神業がどのようなものであろうと、楽しく対応するのが人として生きる道であると教えてくださっているのです。

私たちは、神によって生かされています。そして生かされているということには、深い神慮《みこころ》があるのです。初代教祖は、この教えを始めるに当たって「世《よ》の中《なか》にあらはれたる一切《いっさい》のものは皆《みな》ひとをいかす為《ため》にうまれたるものと知《し》れ」という人訓を授かられました。

人類は万物の霊長であるという言葉はありますが、「霊長」とはどういうことかという明快な説明は無いままに、人間の歴史は押し進められています。しかし、人という存在が世界の中心であり、一人一人の存在はそれぞれの個性を表すために生きているということは薄々感じているので、人類は万物の霊長である、という表現となっているわけです。

人類の思想は、ユダヤ・キリスト教的伝統に支配され、人間は神の被造物であるという前提に立っています。神が一切の物事を創造し、支配するという理念に反する人間の自由はすべて否定されています。そのために、万物の霊長という観念も中途半端な理解に留まっているのです。

大きな懸案である原子力に関する諸問題をはじめ、人間の自由が生み出したあらゆる難問に善後策を講じるには、人類は万物の霊長だというはっきりとした自覚が必要です。一人一人が、自分自身も万物の霊長として生かされていると信じることが大切なのです。

一時一事ということ

人間は一度に二つの事は表現できないようになっています。本を読みながらゴルフをしようなどとは誰も考えないでしょうが、普段の生活では夕飯の支度をしながら居間でテレビを見ている子供のことを考えたり、食事しながら仕事について考えたり、何かをしながら別のことを考えるというのはしょっちゅうでしょう。

しかし、人間は一つの時には一つの事しかできないのですから、どちらかは表現されずじまいとなります。その表現されなかった思いが心に残り、悩みとなるのです。

「一時一事《いちじいちじ》」、つまり思いと行いとが一致している状態が人間表現の本質です。一つの時に二つの事を思うと、どちらかが悩みとなるだけでなく、目の前のことに心を込められず、人としての働きができないことになります。

例えば、料理中に包丁で指を切ったり、歩いていて石につまずいたり、自動車の運転中に横から飛び出してきた車に衝突したりするような事故は、人として当然気が付くべきことに気付けないために起こるものです。

その原因は、今していることと関係の無いことを考える、雑念を思う癖にある場合が多いのです。

一生懸命誠を込めているつもりでも、いつの間にかほかのことに気を取られて知らず知らずのうちに心を占拠してしまうのが雑念です。とらわれないようにするには、まずこの雑念を思う癖があることを自覚し、一つの事に集中する訓練を自分に課すことが必要です。

気が付いたらすぐ行動

人間にとって一時一事は自然な状態ですが、雑念を思う癖のある人は一つの事に集中するのが不得手のようで、いつも何か考えています。私もそんな一人でしたが、それを少しも変なことだと思っていませんでした。

ある時、先輩のＰＬ教師から「気が付いたことをすぐするように」という指導を頂き、実行しました。そのうちふと気が付くと、今していることだけを思っている自分がいました。気付いたのは、ちょうど会員さん宅を訪問しようと道を歩いている時でした。

いつもなら、どう話を切り出そうか、相手はどう答えるだろうかなどと道中あれこれ考えるのですが、その時は、こんなところに梅の花が咲いている、ここに酒屋さんがあったのか、と景色を楽しむだけで何も思わずに歩いていたのです。すがすがしい気分で、雑念の無い世界はこんなにも楽しいものかと思ったのでした。

そういうことがあって自分の生活を省みると、実行の賜物《たまもの》か、その時にしていることに心を向けて暮らしている状態になっていました。誠を込める、心を行き届かすとはこういうことなのかと初めて気が付いた次第です。

それまでの私は、教えの話を聞いて理解すれば、そのとおりにできると思っていました。実行には訓練が不可欠だと知らなかったのです。

雑念にとらわれるな、することに心を込めよと言われれば、すぐそうできるように思っていたのですが、実際には前と一つも変わらない生活をしていたのです。

雑念を思わないようにしようとしても、脳細胞が勝手に思うことを意識的にやめることはできません。今していることと関係の無いことを思うのは、無意識のうちに行っていることで、気が付いた時にはそういう状態にはまってしまっているのが実情です。

ところが、気付いたらすぐすることを実行していますと、自然に不要なことは思わなくなります。それが一時一事の原則で、脳の方が体の動きに合わせて働くようになり、無駄な思いが少なくなるのです。

雑念の無い生活、今に誠を込める生活は、〝気が付いたことをすぐする〟ということを実行するのが一番の近道なのです。

一にも実行、二にも実行、実行なくして何の教えぞ

ＰＬの前身であるひとのみち教団の広間には、「一にも実行、二にも実行、実行なくして何の教えぞ」というスローガンが掲げてあったそうです。

ＰＬの教えは実行の教えです。誰でも実行できるというと何となくつまらないものと思いがちですが、真の人間の道を誰もが実行できるように誠の道を解き明かし、そのための在《あ》り方を指導してくださるのがＰＬの信仰です。

ＰＬでは「信仰は真行である」と説いています。信じ仰ぐという信仰は今まで数多

く説かれてきました。

しかし、真に行うという真行はＰＬによって初めてこの世に現された教えで、従来の信仰とは異なる在り方が要求されることになります。その一つが「みしらせ・みおしえ」の神事です。

人が神によってこの世に生かされている以上、それなりの生存理由があるわけです。初代教祖は「世《よ》の中《なか》にあらはれたる一切《いっさい》のものは皆《みな》ひとをいかす為《ため》にうまれたるものと知《し》れ」という人訓を授かって教えを始められました。

周りに現れる一切の物事はすべて私たちが生きるために現されていて、そのこと自体に吉凶は無いのです。

ところが、人類の信仰の歴史は、物事の吉凶はそのままその人の幸・不幸につながるものと考え、善きことを願うのが幸福への道であるかのような迷信を世の中に広めてきました。

初代教祖によって人生は自己表現であるという真理、そして自己を表現するという具体的な行動に人間の生存理由があることが発見され、一切の神業は自己を表現するための素材であることが明らかになったのです。

芸術表現の場合には、素材の選択・吟味が作品の出来に関係しますので、素材には気を使いますが、素材そのものに吉凶が付随するわけではありません。

素材の善しあしは、表現目的に適しているか否かという問題で、本質的な問題ではないのです。

自己表現の場合、神業は比較や選択の余地の全く無い絶対条件として私たちの前に現れますから、その神業自体に吉凶があるかのように錯覚するのは無理からぬことのように思われます。

しかし、その神業が不幸・苦痛・災難のようなマイナスイメージを持つものであっても、自己表現の歪《ゆが》みを是正するための「みしらせ」であることをおしえおや様が解明し、「みおしえ」として私たちにその内容を教示してくださることによって、不幸・苦痛・災難は自己表現を全うするための指針となったのです。

その指針を通して示される真の人の人たる道とは、ＰＬ遂断詞《しきりのことば》に示されている「芸術生活《うるわしきたつき》の上《うえ》に自《みずか》らの個性《まこと》を表《あらわ》す」ことなのです。

神業に順応する工夫

人は神業との関わりの中、つまり現在という時間の枠の中でしか自己を表現できません。生きるとは、神業を喜んで受け止め、意欲に満ちて自己表現することです。生きていると、自分に都合の悪いことも起こってきます。そういう時に、怒り、急ぎ、憂え、悲しむという感情に走って自己を失うと、本当の気持ちを表現し損なうのですから、そうならないための在り方を工夫しなければなりません。

人間の表現は、何らかの事情を克服することで成り立っています。腹が立つ、イライラすることも乗り越えるべき事情です。そのための方法を考えず、感情だけを出さないようにしようとすると、腹が立っているのに表現できないという悩みを抱え込むことになります。

人間にとって悩みがあるということほどつらいことはありません。そこで、その悩みをどう表現すればよいかを考えることが必要になります。目の前に現れる神業は私たちの都合を考えてはくれません。それを考えるのが私たちの仕事なのです。

どんな神業が目の前に現れようと、その神業に順応しようと腹をくくることが大切なのです。

何事も自分が乗り越えるべき事情だと考えれば、打開策はきっと見つかります。そういう方法が見つかれば、「みおしえ」はとても楽しく気楽に実行できるのです。

第五条 感情《かんじょう》に走《はし》れば自己《じこ》を失《うしな》う

5

自己表現のための教え

第五条「感情《かんじょう》に走《はし》れば自己《じこ》を失《うしな》う」の箇条で特に注意すべきは「自己を失う」という点です。第二条で「人《ひと》の一生《いっしょう》は自己表現《じこひょうげん》である」と教示されているように、私たちは自己表現をするために生きています。ところが、感情に走ったまま表現をしたのでは、肝心の〝自己〟を見失ってしまうと教えられています。そこで、〝自己〟のある表現とはどういうものか考えてみましょう。

自己表現の基本は言動に誠を込めることですが、「誠を込める」とはどういうことでしょう。「誠を込めて物事をしなさい」と言われると誰でも「ハイ」と答えるでしょうが、では「どういうふうにするのが誠を込めることなのですか」と重ねて問いますと、さまざまな答えが返ってきます。「一生懸命する」「心を行き届かせてする」「自分の気持ちが満足するところまで心を込める」――あなたはどんな答えをお持ちでしょう。芸術生活を実践する上で、誠とは何かと考えてみることも必要だと思います。「そんな難しいことはごめんだ」という人のために、簡単に誠を実践するためのようがを提案します。多少のニュアンスの差はあると思いますが、好きなことをしている時の心の状態は、おおむね理想的な心ではないかと思います。

好きなことをしている時は楽しいでしょうし、ワクワクしているでしょうし、難題にぶつかっても何とかそれを乗り越えようと工夫するでしょう。

それは、誠の表現をしている時の心の状態に通じるものがあります。すなわち、好きなことをしている時は、とても良い心境だといえるのです。

それに対して、感情に走っている時の心の状態は楽しくない、嫌な状態でしょう。にもかかわらず、人が怒り・急ぎ・憂え・悲しむという感情にとらわれて楽しくない生活をするのはなぜでしょう。

好きなことだけをしていればよいのだったら誰でも楽しく愉快に暮らせるのでしょうが、毎日の生活の中ではそうはいきません。好きなことと嫌いなこと、得意なことと苦手なこと、どんな神業《かんわざ》が目の前に現れてくるか分かりません。

何事が起こってきても楽しく愉快に過ごす方法があるとすれば、それを知らないことは大変な損をしていることになります。

この問題を解決するために、なぜ得手不得手、好き嫌いができるのかを考えてみましょう。

好き嫌いは練習量の違い

誰にでもある好き嫌いは、何か先天的な適性によるものかのように思いがちです。算数の得意な人、暗記の得意な人、国語の得意な人というように、人それぞれに適性があって、苦手なことは適性が無いからだと思っている人は多いのではないでしょうか。

確かに音楽や絵画など、特殊な才能を持つ天才的な人はいます。しかし、普通の人は、ちょっとした動機で物事を好きになったり、嫌いになったりしているのです。

私の友人に、とても字が上手な人がいます。小学一年生の時から姉の指導で書道をやってきたのですが、最初は嫌で嫌で仕方がなかったそうです。ところが四年生の時に、ふと自由に字が書けるようになって楽しくなり、書道が好きになったとのこと。

物事を好きになる要因の一つは、努力してその面白さを発見することです。従って、嫌いなことも本気で取り組んでみれば、面白さを発見できるとも言えます。

逆に嫌いになる要因は何かの拍子に人に笑われたとか、嫌な思い出があってなるべく近寄らないようにしているとか、体を使うのが嫌、汗をかくのが嫌とか……。

このように考えてみますと、好き嫌いの分かれ道はどれだけ親しんでいるかいないかの違い、言い換えれば練習量の差にあると言えるように思います。

感情には筋道がある

私たちは自分のしていることは正しいと思って暮らしています。ことわざに「盗人にも三分の理」とありますが、人間はどんなことをする時でもそれなりの理由があるのです。

腹を立てる、急ぐ、憂える、悲しむという感情に走るのもそれ相応の理由があり、本人は決しておかしなことをしているとは思っていません。そして、感情に走るのも、闇雲に何にでも心癖を出すのではなく、心癖が出てくる筋道が決まっているのが普通です。

私は聖地に住んでいます。ある時「神籬《ひもろぎ》に行こう」と妻に声を掛けて玄関を出ました。いつまでたっても妻が来ないので、いささか腹を立て、「何をしているんだ」と怒鳴ったのです。驚いて出てきた妻に、何をしていたのかと聞くと、「ちょっと着替えていたので」と言うのです。

その時初めて、近所に行くのでも女性の外出時には準備がいるのだなあと気付いたのでした。そう気付いても気短の癖は直りません。相変わらず妻とのタイムラグにイライラする生活を繰り返していました。

そういう自分の姿のおかしさに気付いて、妻のタイミングに合わせるにはどうしたらよいかと考えてみました。そこで、妻に声を掛けたらテレビをつけることにしたのです。妻の用意ができるまでテレビを見て過ごし、イライラは解消されました。

この例が示すように、私たちの感情は、一定の筋道を持っています。感情に走る対象も、お金のこと、仕事のこと、子供のこと、配偶者のこと、自尊心に関わることというように、大体決まっているのです。

ですから、一つ一つの対象との関わり合いにおける感情の筋道（ものの見方・考え方）を変えない限り、みおしえの実行はとても難しいことになります。

自分の感情がどういう筋道を通って何に対して起こってくるのかが分かれば、その筋道を変える工夫ができ、少しの努力で調和のある表現ができるようになります。

心癖には具体的対象がある

私たちの心癖は、腹を立てるとか不足を思うとかいうように抽象的なものではなく、はっきりした対象があるものです。

ある女性が、夫の不足を思わないようにという内容のみおしえを頂き、解説を受けに来られました。「別に不足に思うことはないのですが」と言われるので、「何かお困りのことはありませんか」と聞くと、「毎朝みそ汁のことで主人に叱られるのがつらくて……」ということでした。ご主人は、みそ汁のみそは食べる直前に鍋に入れ一煮立ちした時が一番おいしいという持論があるそうです。ところがこのご主人、朝のトイレタイムが長いため、みそ汁を用意するタイミングが難しく、いつも煮過ぎてしまうか煮足りないかで叱られるとのこと。

「ご主人がトイレを出られる際、ドアを閉める音が聞こえませんか?」と尋ねると、聞こえると言うので、「では、その音が聞こえたら、みそを鍋に入れましょう」とアドバイスしたのでした。

些細《ささい》なことですが具体的方法の実行で、ご主人の小言も無くなり、彼女の悩みも無くなったのです。

みおしえの実行を、腹を立てる、不足を思うなどの感情を出さないようにすることと思って、そういう感情が出ていると気付いては〈また、みおしえに背いた〉〈自分のように至らない人間は到底みおしえを守れない〉と諦めている人が多いように思います。それは、みおしえを「人間として守り行うべき道徳的な規範」のように理解していることから生まれる誤解なのです。

ＰＬ遂断詞《しきりのことば》に、「されば人《ひと》の世《よ》の災難病苦《くるしみわずらい》は　みしらせと知《し》りて何事《なにごと》も喜《よろこ》び　《中略》　芸術生活《うるわしきたつき》の上《うえ》に自《みずか》らの個性《まこと》を表《あらわ》すにより」と示されています。

言い換えれば、「芸術生活の上に自己の個性を表現する」ためにみおしえを守るのですから、心癖が出ていると気付いた時に気持ちを切り替えて誠の表現をすることが、みおしえを守るということなのです。

心癖が出ていることに気付かせていただけるのはみおしえを頂いている功徳なのですから、その時に誠の表現をするように気持ちを切り替えていけばよいのです。

都合の良いことばかり望んでいる？

自動車の運転中、信号機の表示が青ばかりということが続きました。同乗する妻に「今日は調子いいですね」と言われて、いつも都合の良いことを望んで暮らしている自分に気が付きました。青信号だったから良かったものの、これが赤信号ばっかりならどう思うだろうと考えて、反省したことでした。

私たちは目の前に現れてくる神業との関わりの中で生きています。雨が降れば雨が降る状況の中で暮らすほかは無いので、花見をしたいのに雨が降るのはけしからんと怒っても仕方がないことです。

自然現象は人間がどうすることもできないと知っていますから、私たちは天候が雨だからといって感情に走って苦しむということはあまりありません。

もちろん、自然現象でも大雨・地震・津波など、生活に直接災厄をもたらすものについてはこの限りではありませんが、一応普段は天気のことでさほど悩まずに暮らしています。そういう対応ができるのは、神業に対する普通の認識ができているからです。

ところが、生活の中での悩みのほとんどは、現れてくる神業が自分にとって都合が悪いと感じることに起因しているようです。都合が悪いから神業に対して不足を思い、腹を立てたり、心配したりすることになっているわけです。

では、神業を都合の良いことばかりにする手段があるのかというと、そんな方法は無いことは誰もが知っています。

にも関わらず、神業に対して良い悪いと評価したり、都合の良いことばかりが起こるのを期待したりするのは、幸福になりたいという欲求をかなえる道を知らないからだといえましょう。

対象を価値付けない

幸福になりたい気持ちは万人が持っていますが、そのための方法は価値あるものを手に入れることだと思っている人がほとんどです。お金が欲しい、家が欲しい、学歴が欲しい、地位が欲しい等々、幸福になるにはいろいろな条件をそろえなければならないという考えが、現代人の行動の規範になっているようです。

この考えでは、人々の生活はその時の状況の変化によっていつも左右されることになります。

幸福を手に入れることができ、いろいろな条件が整ったとしても、その条件の中での自己表現は目の前に現れる神業との関わりの中でなされるわけですから、「表現の態《たい》にて生きる」という原則に変わりはないのです。

従って、自己表現を全うするためには、神業をそのまま認識し、どう対応するのが一番対象と調和した関わりを取ることになるかを工夫しなければなりません。

感情に走らないということも、対象との関わりをうまくこなすことに懸かってくるのです。

先に、青信号は幸運であり、赤信号は不運であるという感覚について話しました。私たちは、現れてくる神業を自分の都合から判断して、良い悪いがあるかのように考えがちです。

この考えが、神業との対応を大きく歪《ゆが》めるもとになっているのです。良い神業を喜ぶのは当然ですが、悪い神業との関わりを喜ぶことは非常に難しくなります。

逆に、良い悪いという価値判断をせずに神業を受け止めると、少しの苦労も無くその神業に適応した在《あ》り方ができるのです。

赤信号を止まれという合図だと思って見ていれば、イライラすることなく受け流せますが、行く手を遮るものだと思うと、青になるのを待ち構えるような気持ちで赤信号を見ることになります。その思いがいらつきとなり、感情に走る心を生み出すのです。

神業に良い悪いの区別をつけるのはほかならぬ自分自身です。そういう価値判断をすることが、表現を楽しくない方向に導くのです。

自分の都合は後回しに

例えば、親は子供の行動を良い悪いという基準で見ることが多いのではないでしょうか。

おもちゃを散らかして片付けないのはいけないことで、片付けなさいと言うとすぐ片付けるのは良いこと、というような思いで接していると、子供の行動を正しく理解できないことになります。

散らかすのは悪いことだと思っていると、散らかしているのを見た途端に〈また散らかして〉という思いが頭に浮かびます。それはそのまま〈悪いことをしている〉という観念に結びつき、早くやめさせなければという思いが、「ちゃんと片付けなさい」という言葉となって口から出ていきます。

この親の言葉を子供がどう受け取るか想像してみてください。言葉には「言霊《ことだま》」という不思議な力がこもっています。相手を慈しむ気持ちからの言葉には優しさが感じられますが、とがめ心から出た言葉には針のように心に突き刺さる厳しさが備わります。

万葉集に「銀《しろがね》も金《くがね》も玉も何せむにまされる宝子にしかめやも」という歌があるように、子供は金銀珊瑚《きんぎんさんご》の宝よりもっと尊いもの。親が子供を愛する気持ちは、何物にも替え難いものがあるでしょう。

毎日の生活の中で聞く親の言葉にトゲがあるとしたら、子供の心をどれだけ深く傷つけるか分かりません。とがめ心で注意している時は、トゲを植えつけた言葉で接していることになるのです。

親に叱られた子供に「何で叱られたの」と聞いてみると、ほとんどの子は「知らない」「分からない」と答えるそうです。それは感情に走って子供を叱ることがもたらす結果であって、子供の性格が悪いのでも、親の愛情が足りないわけでもありません。問題は、物事を良い悪いという価値基準で受け止める点にあるのです。

悪いことはできれば避けたいものです。避けたいことに出遭ったと思ったら、その後の心の状態が不足から出発するのは自然の推移です。白紙の心境で物事を受け止められれば、判断を誤ることも、また感情に走ることもなく対処できます。

そのような冷静な対応をするには、自分の都合をちょっと横に置いて物事を受け止める工夫をすることです。

自分の都合優先で物事を受け止めると、ほとんどのことは都合の悪いことになります。生きるとはそういう事情を乗り越えて自分の真実を表現していくことですから、都合の良いことばかり求めてもかなわぬ夢を見るだけで、不足の思いしか残りません。

逆に、自分の都合は後回しにして、物事をそのまま受け止めますと、どう対応すればよいかという知恵は自然に湧いてきます。抽象的なことには対応できなくても、具体的な事柄に対応する知恵は誰にでも出てくるものです。

神業の良い悪いは自分が勝手にそう思っているだけのことで、神業自体に良い悪いという価値があるわけではありません。自分の思いや都合を絶対条件にして神業に対するので、良い神業や悪い神業があることになるのです。

現れてくる神業をマイナスに受け止めると、その後の対応の仕方を望ましくない方向に歪めることになります。イライラする、不足になる、腹が立つ、心配するなど感情に走った対応は、現れた神業が自分にとって悪いものだという受け止め方から生まれるのです。

いかなる神業も喜んで受け止める

ＰＬ遂断詞に「されば人《ひと》の世《よ》の災難病苦《くるしみわずらい》は　みしらせと知《し》りて何事《なにごと》も喜《よろこ》び　《中略》　芸術生活《うるわしきたつき》の上《うえ》に自《みずか》らの個性《まこと》を表《あらわ》すにより」と示されているように、神業を喜んで受け止めることが人として生きる誠の道です。

この「道」は人間の道徳的基準ではなく、自然の在り方を示しています。守れば自由に楽しい表現ができるという道、「真の自由に生きる道」を示しているのです。人間の身体構造は関節によって自由に動けるようになっていますが、動きの方向は決まっています。それを逆の方向に動かそうとすると苦痛が生じ、動きません。

人間の心も神業をそのまま受け止めるという自然な流れに沿っている時には自由に働きますが、神業の流れに逆らうような思いを持つと、意地張る、強情張るという言葉が示すような無理な心遣いをすることになります。

そういう無理な思いをしないようにするためには、初代教祖が開示された真理「世の中にあらはれたる一切のものは皆ひとをいかす為《ため》にうまれたるものと知れ」を信じる以外に道は無いと思います。

初代教祖の授かられた人訓に示されているように、自分の周りに生起することはすべて「人を生かす」ために現れています。しかし、目の前に現れてくる神業は、自分にとって都合の良いことはあまり無いものです。そして、感情に走る原因はそこにあるようです。

教理の上からの詳しい分析は『芸術生活概説Ⅱ』（湯浅竜起著／芸術生活社刊）に

お任せして、ここでいう都合の悪いこととは、自分の利害得失から考えて〈嫌だなあ〉〈困ったなあ〉〈こんなことは無い方がいい〉というような思いになることだと考えてください。こうした思いが起こってくるのは、自分にとってこうなるのが良いことだと決め付けているからです。

テレビゲームを例に取りたいと思います。ゲームのルールが非常にやさしく、簡単に満点が取れたら、誰も本気で取り組もうとは思わないでしょう。いろいろなハザードが組み込まれていて、努力しなければ高得点が取れないゲームほど熱中するのが普通です。それは、ゲームの面白さは、創意工夫するという人間精神の働きにあるからです。

現実の生活でも、面白いと感じることはいろいろと工夫しなければうまくできないことです。料理の好きな人は、食材を見れば、どう料理すればおいしく食べられるだろうかと創意工夫します。

逆に料理が苦手な人は、教えられたとおり、レシピどおりに作り、それがうまくいけば、次も同じように料理します。創意工夫するという精神の働きが無いため、興味を持って工夫する段階には至らないのです。

結果は神様からの授かり物

目の前に現れる神業に対しても、興味を持って工夫すれば面白いことになるのがこの世の真理です。神業を「自分の利害得失の面から見て、都合の良い悪いで判断する」のではなく、「神様が与えてくださった芸術の素材」と受け止めてみる必要があるのです。

困った、悪いという思いが先に立つとなかなか創意工夫するという気持ちにはなりにくいものですが、何とかしよう、どうしたらうまくいくだろうと考えれば、知恵は出てくるものです。

抽象的なことに対しては遅疑逡巡する人でも、具体的な課題には、こうしよう、こうしたらどうかと対策が打てるでしょう。

問題は、思いついたことを実行できるか否かにあります。行動力のある人はすぐに実行しようとしますが、良い悪いという観点から物事を考える人は、良い結果が得られそうにないと、「してもつまらない」「やってもだめだ」と勝手に判断して二の足を踏みます。

結果は神様からの授かり物で、やってみなければ分かりません。結果が前もって分かるのであれば、誰も無駄なことはしないでしょう。良い結果が得られるはずと思って物事を始めても、うまくいくこともあれば、思うような結果が得られないこともあります。

結果が良ければ言うことはないのですが、結果が思わしくない、人が思うように動いてくれないという事態に直面しますと、人は感情に走ります。その感情の原因は、自分にとって気に入らない、都合が悪いということに由来しているわけです。

何度も申し上げますが、神業はこちらの都合には関わりなく現れてきますから、自分という個人の都合には合わないのが普通です。

その神業に対して、都合に合わないと不足を思ったり、腹を立てたりするのはナンセンスです。腹を立てている本人は大真面目、〈これが腹を立てずにいられるか〉と思っていますが、横から見ていると〈何であんなに腹を立てるのだろう〉と不思議に思えるようなおかしなことをしているのです。

心癖の筋道はいつの間にかできる

「人は表現の態にて生きる」という原則に即して考えますと、生きるということは神業に適応し（自己と対象の間に調和を生み出すような関わりをする）、自己の真実を表現することにあります。

都合を先に立てて対象の不足を言うのは、自己表現の本筋に反する行いです。自己表現の本筋は、対象と自己との間に調和を生み出す関わりを成就することですから、対象あっての自己表現なのです。その対象が自分の都合に合わないからといって、腹を立てたり、不足を思ったりしても、何の解決にもなりません。

それにも関わらず腹を立て、不足を思うのは、ものの見方に偏向があるからです。人間は社会人としての自己表現の在り方を周囲から学んで大きくなります。そのものの見方を学ぶ成長の過程で、心の中に心癖という筋道をつくり上げてしまうのです。

腹を立てるという心癖も、何にでも腹を立てるのではなく、腹を立てる対象は決まっているものです。「こんなことも知らないのか」と言われると腹が立つ人は、無知を指摘されると腹が立つという筋道ができていると言えます。論理的に冷静に判断すれば、知らないことがあっても、少しも恥ずかしいことではないのに、「こんなことも～」と言われると自分の全人格が否定されたように感じて、腹を立てる筋道ができているのです。

「みしらせ」は、そういう心癖によって自己表現が歪められていることを教えてくださる、神様のお慈悲です。そのみしらせも「みおしえ」で内容を知らなければ、単なる苦痛に過ぎません。

みおしえによって、みしらせの内容を教えていただけることを、疎《おろそ》かにしないようにしましょう。

「みおしえ」を実行するために

「みおしえ」を守るのは、自己表現を全うするためです。ＰＬ遂断詞には、「人生は芸術である」というＰＬの教えが解明している人間の道が、「何事《なにごと》も喜《よろこ》び神業《かんわざ》のまにまに我執《おのれ》を捨《す》てて践《ふ》み行《おこな》う」ことにある、と明示されています。

その内容を具体的に説明しますと、「神業のままに」とは「目の前に現れた神業との関わりにおいて」ということです。「人《ひと》の世《よ》の災難病苦《くるしみわずらい》は　みしらせと知《し》りて何事《なにごと》も喜《よろこ》び」は、「世の中にあらはれたる一切のものは〜」という初代教祖の悟りに基づくものです。

ＰＬ遂断詞の内容を整理しますと、神業を自分を生かすために現れるものと受け止め、我執を捨てて目の前の神業と関わりを持つのが、人として生きる真《まこと》の道だということになります。

そして、みおしえを守る目的は「芸術生活の上に自らの個性を表す」ことです。従って、みおしえを守るとは、その時の神業との関わりを心癖を出さずにするということで、みおしえに「〜して腹立てません」とあるのは「絶対に腹を立てない人間になれ」という意味ではなく、「神業との関わり（表現）を腹を立てずにしなさい」という意味なのです。

みおしえを儒教道徳で教えられた道徳的規範のように受け取り、腹を立ててはいけない、腹の立たない人間になることがみおしえを守ることだと思って、腹を立てたらみおしえに反してしまったと、自分を責めたり悔やんだりするのではなく、腹が立ったら、その感情をちょっと横に置いて、その時の神業との関わりを、感情に走らず冷静に処理できればいいのです。

人間は主観の動物ですから、自分のことはほとんど無自覚に暮らしています。ところが、みおしえを頂くと自分の心がどういう状態になっているか（腹を立てているとか、不足を思っているとか）、気付かせていただけます。

みおしえの功徳で心癖が出ていることに気付かせていただいているので、その時にみおしえを守って、感情に走らず、冷静に自分の真実を表現していけばよいのです。

心癖の無い人間はいません。それは人間が表現の仕方を学んで育つ過程で、周囲の人のものの見方、考え方まで身につけてしまうからです。腹が立つ、急ぎ心が出る、心配になるというような感情は、自分のものの見方、考え方に由来するものです。

その見方・考え方を検討して、何事も喜んで受け止めることができるように自らを変える必要があります。この問題は次の箇条「自我《じが》無《な》きところに汝《なんじ》がある」で詳しく考えてみましょう。

第六条
自我《じが》無《な》きところに汝《なんじ》がある

6

我執を捨てて践み行う

ＰＬ遂断詞《しきりのことば》に「神業《かんわざ》のまにまに我執《おのれ》を捨《す》てて践《ふ》み行《おこな》うこそ　人《ひと》の人《ひと》たる真《まこと》の道《みち》と悟《さと》りて」とありますが、その内容を端的に言い表しているのがこの箇条です。

私たちは神に生かされていますが、その具体的な形は、時とともに目の前に現れてくる神業との関わりとして表れます。

「まにまに」とは「のままに」「に従って」「成り行き任せに」という意味で、全体では「神業の現れてくるままに我執を捨てて神業との関わりを成就するのが人の生きる真道である」という意味になります。

ここで問題となるのは「我執を捨てて」、すなわち「自我なきところ」でしょう。「我執」を辞書で調べると、「自己の認識や行為の中心として、自我が実体として実在すると考え、これに執着すること。我見」（『新潮国語辞典』から）とあります。

この考えは、現世は人間にとって苦の世界であるから、その苦の原因を作りだす煩悩を無くして悟りの境地、煩悩に迷わされない境地に入らなければならないという仏教的思想に基づくものです。

しかし、この考えは生きている人間には不可能なことです。悟りの境地に入るために即身成仏を願って、穴の中に籠もり断食して仏になったというミイラが東北地方には幾つか残されています。この信仰は人間の生を否定して、死後の世界にある極楽浄土に生まれる（成仏）ことを願うものです。

また、キリスト教のように、この世の終わりに「最後の審判」が行われるその時に、義人《ぎじん》に選ばれて神の国（天国）に行くための信仰もあります。

人間が生きることの意味を明らかにするPLの信仰は、目の前に現れてくる神業をどう受け止めるかが表現の出発点になります。

自己表現を全うするために「我執を捨てて」その時の神業と向き合うことが人間本来の在《あ》り方であると、PL遂断詞は教示しているのです。神業と「我執を捨てて」関わりを持てばよいのですから、仏教でいう「無我の境地」「涅槃寂静《ねはんじゃくじょう》（煩悩消滅）の境地」とはちょっと違う面があるのです。

実践してこそ生きる教え

例えば、家族に対してかんしゃくを起こしていた人が、訪ねて来た取引先の人には冷静に対応して、相手の要求に適切な処置をしたとします。

この人は家族に対しては我執にとらわれた表現をしているけれども、商売面では「我執《おのれ》を捨《す》てて践《ふ》み行《おこな》う」ができているわけです。

言い換えれば、誠の表現は人格的に立派な人でなければできないというものではなく、誰でもできることなのです。

みおしえに「腹立てません」と示されている人でも、朝から晩まで瞬時の休みなく腹を立てているわけではありません。機嫌の良い時は誠の表現をしているが、何か気に入らないことがあると腹を立てるのです。

ですから、みおしえを守るとは抽象的に腹を立てない人間になれということではなく、腹を立てる具体的な事柄に対して腹を立てずに対応できるよう工夫しなさい、ということなのです。

人間は「無我の境地」などと抽象的なことを言われても知恵が働きませんが、具体的な事柄、例えば言うことを聞かない子供にどう腹を立てずに対応するかというようなことは、ちょっと努力すればできるようになります。

先輩教師に「ＰＬの教えは道徳的な規範を教えているのではない。具体的な生活の仕方を教えているのであって、それは善悪の問題ではなく、上手下手の問題である。それを道徳的な規範のように受け取って、守らなければ悪いことをしているように思ってしまうのは、教えを錯覚していることになる」と教わったことがあります。

善悪ではなく上手下手の問題ということは、練習すれば上手になれる道があるということです。少しも悲観する必要はないのです。

我欲の無い人間になるのは大変なことでしょうが、今、目の前のことに対して自分の都合をちょっと横に置いて考えることは、工夫すれば難なくできるはずです。

ただ、それも自分の心の動きをはっきり把握しないと工夫のしようがないのですが、私たちは「みおしえ」で心の動きを自覚できるというありがたい功徳を頂いていますか。誰もが我執を捨てて践み行うことができるのです。

素直になる方法は

私がPLの教師を拝命して間もなくのころです。何かあると「君は強情だからなあ」と先輩教師から注意されていました。

あまりにも「強情だ」という声が強いので、そう言われないようにするにはどうしたらよいか、解説を受けようと思い立ち、故・湯浅竜起先生のお宅を訪ねたのです。

当時の私は錬成の係をしていたのでなかなか自分の時間が取れず、錬成員が寝静まった夜更けに伺いました。お宅の二階に電気がついていたので、〈よかった、まだ起きておられる〉と思い、「ごめんください」と戸を開けました。

すると、二階から顔見知りの先生が顔を出されました。

「川島君、何か用?」

「解説を受けたくて」

「今、湯浅君と碁を打っているから、上がってらっしゃいよ」

優しい言葉に甘えてずかずかと部屋に入り、「解説お願いします」と言いました。

湯浅先生は碁を打ちながら「今、何時じゃ」と聞かれましたので、時計を見て、「十一時半です」と答えました。

「夜の夜中に来て、解説願いますと言う馬鹿がどこにおるか」

〈ああ今日も解説を受けられないのか〉と気落ちして碁盤を見ていましたら、湯浅先生が「解説って何じゃ」と聞いてくださったので、ついつられて「強情はどうしたら取れますか」とお尋ねしました。しゃちほこばった問答ではなく、気楽な世間話のような問答でしたので、湯浅先生の返答も短いものでした。

「素直になったらええんじゃ」

あまりにも簡単に言われるので、「素直になれんので困っているんです」と言うと、「馬鹿野郎！」と雷を落とされました。

「素直な人はなあ、『素直になったらええんじゃ』と言われたら『ああそうですか』と聞く。そう聞けんのがお前の強情じゃ」

厳しい声に頭から足先までズシーンと電流が走ったような気がして、「分かりました」と、その場を飛び出しました。

強情を取る修行

気が付くと初代教祖奥津城の神籬《ひもろぎ》の前に立ち、湯浅先生との問答を何度も心の中で繰り返していました。

素直になるには人の言うことを「ああそうですか」と聞かなくてはならない、ということは分かったのですが、さて実行しようとなるとできそうにないのです。

人が良いことだけを言ってくれるのならまだしも、変なことを言う人もいるので、すべてにうなずいていたらこちらが変なことになってしまいそうです。

〈「お前は馬鹿だ」と言われても、ああそうですかと聞けるか?〉と自問自答し、とてもじゃないが無理だと思いました。しかし、ふと「そう聞けんのがお前の強情だ」と言われたことに気付いたのです。

ああ、そうか、聞いてそうしないのが強情だと言われたのではない、ただ聞けばよいのだ、聞くだけなら強情を取る修行だと思えばできそうだと、「強情を取る修行として、人がどんなことを言おうと、いったんは『ああそうですか』と聞きます」と神籬に決意をお誓いしました。

翌朝、目が覚めて出勤すると、世界が変わっていました。「ああそうですか」と聞く構えで待っていると、人の言うことが今までとは違うように聞こえてくるのです。鍊成事務所の朝は、鍊成員への対応で慌ただしくなります。係の人数は限られていますから、対応中に割り込んでくる人もいます。この日も横から「先生、今日鍊成は何時に終わりますか」と質問が飛んできました。

以前なら失礼な人だなあと腹を立てていたところですが、この時は「今日は三時に終わって、大阪駅までバスでお送りしますよ」とスッと答えられました。〈この方は家で何か急ぎのことが起こったんだな〉と思えたのです。心穏やかに応じられた自分に気付いて、不思議な気がしたものです。

あるがままに受け止める

強情を取る修行として、人の言うことを「ああそうですか」と聞くようにしていると前述しましたが、実践するには誰かが話し掛けてくれなければなりません。

こんな簡単なことも、人の話を聞こうと思って初めて気付いたのです。相手が何か言ってくれなくては聞くことすらできないということは、まさに青天の霹靂《へきれき》でした。

これは私たちの生活そのものの姿でもあるのです。「人は表現の態《たい》にて生きる」と教えられていますが、表現は対象があって初めてできるということを私たちはつい忘れて暮らしています。

つまり、自分の都合で目の前に現れる神業を予想して暮らしているのです。その予想は大体自分にとって都合の良いことです。ところが、実際に現れる神業は自分のことなぞ斟酌《しんしゃく》せずに現れますから、都合の悪いことの方が多いということになりがちです。

それでも人間にはある程度の適応能力が備わっていますので、現れてくる神業に適応できますが、時として適応できない状態に陥ります。そういう時に、人は感情に走るのではないかと思います。

現れた神業にうまく適応できないので、その神業に冷静に対応できずに怒り、急ぎ、憂え、悲しむという感情にとらわれるのです。

その理由が、起こってくる神業を自分が勝手に予想していることにあるとすれば、そんな予想をしなければ、誰もが現れてくる神業にうまく対応できるはずです。

ですから、どんなことにも感情に走らず、いつも楽しく上手に人生を送るのが当たり前の姿です。

はなはだ乱暴な言い方になりますが、「自我無きところに汝《なんじ》がある」と教えられている「自我」とは、前もって自分が心に描いている「自分にとって都合の良い予想」だと解釈すると、実行が容易になるのではないかと思います。

言い換えれば、現れてくる神業に対していろいろと勝手な予想をせずに、そのままに受け止めることが「自我無き姿」であると思えばよいのです。

神業のまにまに生きる

ＰＬ遂断詞に「されば人《ひと》の世《よ》の災難病苦《くるしみわずらい》は《中略》神業《かんわざ》のまにまに」とあるように、神業のまにまに生きるのが人としての本当の生き方です。

ところが、現れてくる神業のまにまに生きると、成り行き任せのいい加減な人生になってしまう、と思い込んでしまう場合があります。人生を意義あるものにしようとイメージをいろいろと描き、そのイメージを実現することに幸せがあると思って努力するわけですが、そんな思いが神業との対応を難しくしているきらいがあります。現れてくる神業との対応で一番まずいのは感情に走って表現することだと前の箇条で述べました。

そして感情に走らず現れてくる神業との関わりを成就する道は、「我執（自分の都合）」を捨てて神業と対応することにあることも前述したとおりです。

私たちは、人間としてのさまざまな能力を持っています。考える力、新しいものを創造する力、考えたことを実行する力（身体）などを神から与えられています。

ここでなぜわざわざ「神から与えられている」と断るのかと言いますと、私たちが持っている力（これからは「人間力」という言葉で人間の持つ力のすべてを表現することにします）は、生まれた時、既に備わっている力であり、自分が創造したものは何一つ無いと言ってもよいくらいだからです。

神から与えられた人間力

確かに、人間力の開発ということでは個人の努力や練磨による効果を見逃せませんが、それとても基礎的能力の増加という意味での人間力の開発であって、ゼロから自分自身が作りだしたという人間力は無いのです。自分が依《よ》って立っている人間力は、すべて神から与えられているのです。

ちょっとややこしい言い方をしましたのは、私たちの持つ人間力は、自分自身の能力であると同時に、神から与えられている力であることをはっきり認識しておかなければ、十全な形で人間力を働かせることはできないからです。

私は五十歳になったばかりのころ、計算ができなくなりました。計算といっても難しいものではなく、ゴルフのスコア計算です。一桁の数字を九個足すという足し算ですから、小学生でもできる易しい計算です。ところが何度やっても答えが合わないのです。病院に行き、ＣＴ検査を受けると、脳の所々が黒く写りました。数を司る箇所が梗塞を起こして働かなくなり、簡単な足し算ができなくなっていたのです。

私たちがああだこうだと考えていることも、脳細胞がシナプスによって連結された結果であって、自分自身では何ともできない脳の働きで生みだされたものだということをしみじみと感じました。

ＰＬでは、「強情者は勘違いする」と教えられますが、その勘違いも、脳細胞のつながりがうまくいっていないことから生まれるものです。

勘違いしている本人は、そんな勘違いが頭の中で起こっているとは露知らず、勘違いしたまま暮らすことになるのです。

自分の肉体の仕組みを知れば知るほど、神に生かされていることの重大さを強く感じざるを得ません。ＰＬ遂断詞の「我執《おのれ》を捨《す》てて践《ふ》み行《おこな》うこそ　人《ひと》の人《ひと》たる真《まこと》の道《みち》と悟《さと》りて」には、自分がやっていると思っていることも、神の力があって初めて正しく働いているのだ、という意味も含まれていることを深く味わってください。

「汝がある」の「汝」とは

「自我《じが》無《な》きところに汝《なんじ》がある」で示されている「汝」とは、普段私たちが自覚している自分という存在とはちょっと違うもののように感じられます。「自我無き」とは我執にとらわれないという理解で論を進めてきましたが、これからは視点を変えて、「汝がある」の「汝」を自分のこととして考えてみたいと思います。

私たちは「表現の態」にて生きています。神業との関わりの中で自分を現して生きているのですが、表現の中心はその神業に対して自分が心に描いた感動です。自己表現の中に現れる自己とは、自己表現の中心となる感動にほかなりません。

私たちが、人を評価判断する場合、評価対象はその人の表現であり、表現に現れているその人の内容です。それは取りも直さず、表現に現れた感動（神業をどのように受け止め、どう表現しているか）を通して、その人自身の全人格的内容を理解しているわけです。

一方、表現をしている本人はこの表現に自分のすべてが現れているとは思っておらず、目の前に現れてくる物事、神業を適当にこなしているのです。そこに、自己認識と他人の評価に大きな違いが生まれる要因があるのです。

人間は自分を何よりも尊いものと思っています。その自分を他人が評価した場合、ほとんど予想外の評価を下されます。

それは、自己評価の基準は自分が本気で取り組んだ精いっぱいの表現に置かれるのに対し、他人の評価基準は何でもないちょっとしたことをした時の表現に置かれていることに起因しています。

「自我無きところ」とは、自己評価の基準によらず、自分をありのままに見るということでもあるのです。

そして、ありのままの自分は、神業に対して湧いてくる思い、感動をどのように表現するかということに現れるのです。自己を表すには、神業と直面した時に心に浮かんだ思いをそのまま表すこと（真実表現）が大切になります。

芸術において真実表現が重視される理由も、真実表現にこそ「自我なきところにある汝」が表現されるからです

注意したいのは、真実表現の基準は神業との関わりにおいてその人が心に感じた感動であるということです。その人が心に描く感動は自由です。従って、現実世界での人間表現は善悪取り混ぜて千種千様の様態を示しているのです。

私たちは真なるものは善であると信じてきました。しかし、人間が自由な存在であり、いかなることも成し得る存在であることは、人類の歴史が証明しています。

そして、自由な表現の価値評価の基準は芸術評価の基準でなければならないというところに、「人生は芸術である」というＰＬ理念の根幹があるのです。

第七条
一切《いっさい》は相対《そうたい》と在《あ》る

7

世界の構成原理

人間が生きている世界は、私たちが感覚的に理解できる、すなわち、目で見、手で触ることのできる世界で、現象界（あるいは顕界《げんかい》）と呼ばれています。

この現象界として顕現している神の世界に対して、幽界は人間が感覚的には知ることのできない世界です。ＰＬの会員が頂く「みおしえ」は現象界の出来事の裏にある幽界のことを、おしえおや様によって解明していただいているのです。

現在のところ、幽界について知る手立ては、みおしえ以外には無いと言ってもよいでしょう。

現実生活と直接関係することの少ない幽界はさておき、私たちの生活の中での「相対と在《あ》る」とはどういうことかを、考えていくことにしましょう。

世の中に在るものはすべて何らかの相互依存の形を持って存在しています。中でも、表裏、陰陽、男女、主客というように、はっきりした相対現象として現れている物事があります。これらの相対現象は、一つ一つのものが別々に存在するのではなく、相対一如となって現象界を形作っています。そして、それらの相対現象は相対一如となって、初めてその働きが現れます。

陽（＋）電子と陰（－）電子が結合することで電気の働きが生まれるように、相対とある存在者が相対一如となった時に、独自の働きを生み出すことになるのです。

人間は芸術の主体として、目の前に現れてくる神業《かんわざ》と関わりを持つことで生きていますが、それは相対として目の前にある神業と一体となるということです。別の言い方をすれば、相対とあるものを一つにするところに、芸術するという人間の働きがあるのです。

従って、人間の価値は目の前の神業とどの程度一体となっているかに現れるのであって、過去の修身・道徳で説かれたような絶対的な価値とか人格という形で評価すべきものではないのです。

唯一の存在である人間の仕事

一人一人の人間は、この世のたった一つの存在ですが、その唯一の存在が自己の生命をこの世に現すには、神業と関わりを持たなければなりません。言い換えれば、目の前に現れてくる対象との相対としての自己存在であるのです。

人間は主観的動物で、自分を中心に物を見たり考えたりします。しかし、人間が生きるためには表現の態《たい》を取らざるを得ないのですから、表現の態にある自分は相対現象の一部です。常に対象（目の前に現れてくる神業）と相対関係にあるわけです。

ところが、主観にとらわれ、対象との関係を考慮せず自分だけの思いになると、相対としての自己が絶対の存在であるかのような錯覚を生み出し、自分の都合ですべてを判断することになります。

これは、先に述べました交通信号がすべて青である状態を望んで暮らしているのと同じ考え方ですから、自分の思うようにならない、不幸な状態がいつもあることになります。

「人生は芸術である」がＰＬの信仰の基本です。何もしないで都合の良いことばかりが起こるようにと願うのはわがままであり、そういうことは絶対に起こらないと言ってもよいでしょう。

なぜなら、神業は表現の素材として現れるのであって、すでに出来上がった作品として現れるのではないからです。素材は手を加えることで芸術作品に仕上がるのであって、素材そのものが作品であるということはまずありません。

現れてきた神業をよく凝視して、自分の都合の良いようにその神業を変えていくのが人間の仕事なのです。そういう人としての働きをせずに、ただ都合の良いことが起こってくるのを待っているだけでは幸せな生活はできません。

神は日に日に育て太らせ給う

ＰＬ遂断詞《しきりのことば》の最初に「貴光《たかひか》ります大元霊《みおやおおかみ》は《中略》日《ひ》に日《け》に育《そだ》て太《ふと》らせたまう」とあるように、私たちは神によって生かされ、幸せに導いていただいています。この神の恵みが直接私たちの生活の上に現れるのが「みしらせ」です。

ある女性Ｎさんが神経痛を患い、その苦痛がみしらせであることを教えられ、みおしえを頂き、解説を受けました。

Ｎさんは美容院を経営しているのですが、今年採用した新人にミスが多く、手を焼いていたのです。そのことを先生に相談すると、「あなたが美容師になったばかりの時はどうでしたか」と聞かれたので、自身の新米のころを思い返して答えました。「私より彼女の方がずっとましです。私は本当にドジで叱られてばかりいました」「あなたは美容師として三十年以上の経験があるのでしょう。駆け出しの子にあなたと同じような仕事をせよと言っても無理ですよ」

そうだなあと納得したNさんは、ミスばかりとがめて、教育することを忘れていたことに思い至りました。彼女が一人前になるよう教える気になって対していくと、いろいろ気付くことがあり、創意工夫するようになったのです。

人間は自由ですから、自分の思うように表現していけばよいのですが、それはその時に遭遇する神業との関わりにおいて最適の表現でなければなりません。同時に、対象と最適の関わりを成就するものでなければなりません。私たちの生活はいつも現れてくる神業との関わりにおいて、変化していかなければならないのです。

いわば対象との相対として存在していることを忘れて、つい自分だけの思いになっている時に、神様はみしらせを現して、「対象と良き関わりをするように工夫しなさい（芸術せよ）」と教えてくださるのです。

最良の関わりとなる創意工夫

「一切は相対と在る」と示されているように、自分自身も対象と相対と在るのです。例えば、自転車に乗る時の自分は、道を歩く時とは違う自分です。自分という存在も常に対象との相対として存在しています。私たちの表現は、その時その時の対象に応じて変化して、一番良い関わりとなるようにしていかなければならないのです。

ところが、このように表現の在り方を変えていくのは節操が無い恥ずべきことだという観念か、あるいは人は自分と同じように考え行動するものだという観念からか、人への関わりに心を使う人は少ないようです。

もちろん、目上の人に敬語を使うとか、尊敬している人に敬意を示すといったことには抵抗なく対応していますが、普段の対人関係においては、人によって対応の仕方を変える必要はあまり感じていないように思います。

しかし、自己表現は、対象となる人との最適の関わり方を生みだすための表現ですから、相手の心に届かなければ効果が無いことになります。自己表現を全うするには、相手の知識経験やその時の気分や気持ちを理解し、対応の仕方を考えなければならないのです。

Nさんの場合、相手の状況への理解が足りず、新人美容師にうまく対応できなかったのです。自分にできることは誰でもできると思って、対応を工夫する（芸術する）ことを怠っていたのです。

「人は表現の態にて生きる」という原則は、「人はその時の対象との関わりを工夫して暮らす」ということでもあるのです。みしらせは、対象との関わりを工夫しないところに現れるとも言えます。

私たちは善因善果、悪因悪果という儒教道徳の考えで教育されているので、悪いこと（都合の悪いこと）は自分の行いが悪いからそういう目に遭うのだと思いがちですが、本当は対応の拙さを教えてくださる神様のお慈悲なのです。

みおしえに「物事が自分の思うようにならないと不足に思い」と示されるのも、対象との対応を工夫しようとしない時に起こる気持ちであり、自然な感情なのです。

人間は主観の動物ですから、すべての物事を自分の思うようにしたいと考えています。しかし、起こってくることは、自分の都合に合わせようとしても合わせられないことがたくさんあります。その時に何もしない（芸術しない）のは、人間としての働きを放棄していることになります。それを神様が警告してくださるのです。

みしらせが現れた時は、その時に自分が直面している事柄をどう処理すればよいか、工夫するようにしてください。

第八条

日《ひ》の如《ごと》く明《あきら》かに生《い》きよ

8

太陽を神と信じる信仰

太陽が私たちの生活と切っても切れない重要な関係を持っていることは、皆さんもよくご存じですね。太陽系の中心であること、動植物の生育の上で欠かせない働きを持っていること、太陽に対するさまざまな信仰など、数え上げれば切りがありません。

生活の中でも、初日の出、お日様、お天道様、天照大神《あまてらすおおみかみ》、大日如来など太陽に関する語が多数存在しています。また、太陽を神とあがめる神話や宗教は世界中にたくさんあります。それらの信仰は、このＰＬ処世訓の「日《ひ》の如《ごと》く明《あきら》かに生《い》きよ」とは関係ありませんが、私たちの感覚の中にある太陽に対する崇拝の感情とは、ある種のつながりを持っています。

おしえおや様は、「太陽の持つ働きは科学的に解明されるであろうから殊更言うまでもないが、このＰＬ処世訓は、太陽のように明朗で陰日なたない生活をせよという内容で理解し、実行すればよい」と教えてくださっています。

秘密は「日満る」ということ

学生時代に、「秘密には日満《ひみつ》るという言霊《ことだま》があり、秘密は必ず明らかになるものである」と教わりました。

人に知られたくないという思いで秘密にしたがるのでしょうが、それは日満る、つまり一定期間を過ぎると明らかになるという法則があるのです。ですから、人に知られたら困ることは最初からしないようにすることが原則です。

どんなに巧妙に隠しても、秘密はいつか発覚すると覚悟しておかなければなりません。そういう覚悟が無いと、秘密が明らかになった時に慌てる羽目になるのです。

人に明らかにできないことは、大体において後ろめたいことでしょうから、その行為自体が楽しくないはずです。もし、どうしても秘密にしなければならないとしても、いつかは明らかになると覚悟し、露見した場合はどうするかを決めておく必要があります。

そういう覚悟が無いままに秘密を作りますと、その秘密のために自分の一生を棒に振ることにもなりかねません。

こんなことになるのだったらあの時あっさりと言ってしまえばよかったと後悔するのも、秘密には日満るという言霊があることを知らずに、ちょっとした気持ちからその場を取り繕ったり、打ち明けておけば何でもないことだったのを隠したりするために、大きな問題になったからです。

明るみに出る時のことを考えず、急場しのぎの秘密を作ることは、決して良いことにはなりません。

神慮を信じて生きる

人間が幸せに暮らすには「暢気《のんき》に陽気に朗らかに」していればいいのだと、先輩に聞き、〈そんなことで人は幸せになれるのか〉と疑問に思ったことがあります。

暢気とはどういうことかと改めて辞書を引いてみると、「細かいことにこだわらずにのんびりしていること」とあり、「陽気に」は「はなやかで、にぎやかな様子。朗らかな様子」、「朗らかに」は「表情や気持ちが明るく晴れ晴れとしている様子。空が雲一つ無く晴れわたっている様子」とありました。

まとめてみると、「暢気に陽気に朗らかに」とは、細かいことにこだわらず、心に一点の曇りも無く、明るく暮らす、ということになるのでしょう。

悩みや憂いの無い、青天白日のような天気に象徴される心境で生活せよということです。

私たちは長い間、仏教的・儒教的世界観やキリスト教的倫理観の元に教育されてきましたので、人生に対する態度は悲観的傾向が強いのではないかと思います。

例えば、仏教において現世は苦の世界です。生・老・病・死という人生の一切は苦であり、この苦の世界から逃れること（解脱）に幸せがある、また、現世の行いが正しければ極楽往生できるが、悪いことをすればその報いで地獄の責め苦を受けることになる、と教えられます。

また、儒教道徳では、聖人君子のごとき人が良き人格者であって、人格者のすることはすべてうまくいき、悪い結果はその人の行いが悪いからだ、と教えられています。

そこには、現世の成功者は皆人格者であるべきだという観念があります。

さらに、明治以降はキリスト教の原罪という考えが、西洋の科学や文化とともに日本人の倫理観に入り込みました。人間は神の掟《おきて》に背いて楽園を追放されるという罪（原罪）を犯したので、額に汗してその日の糧を得る贖罪《しょくざい》の生活をしている。この生活から抜け出すためには、我々の代わりに犠牲となったキリストの血と肉を食べることによって聖化されなければならない（聖体拝受）、という信仰を日本にもたらしたのです。

このキリスト教思想の背後には、世界は神が創造し、支配しているという絶対神への信仰があります。人間は神の被造物であり、神によって支配されている存在であって、神の栄光をたたえ、神の掟に従うことが人間の正義であるという考えです。

このような倫理観に対して、ＰＬの「人生は芸術である」という理念は、「神は一体である。万神なきことを知れ」という神観に基づき、今までとは全く違う人間観を樹立したのです。

その違いの一つは、「人は表現の態《たい》にて生きる」というテーゼです。従来の人間観は、人間を存在という個体として理解しようとしていましたので、個体存在の由来が大問題でした。

そのため、人間は神によって生かされているという事実を、神の創造物であるから神の支配のままに生きるべきであると理解し、神が人間に対して要求している生き方があるはずという考えから「善とは何か」を探求してきました。

しかし、人間は自己の生命を表現という形でこの世に表しているので、その表現を規制する「善」というものをはっきり決めることはできません。なぜなら、習性で動く動物と違って人間は自由な存在であり、自分の自由意志で何でもできるからです。

幸福への道を歩むには

自由勝手に何でもしてよいということになると共同生活の上にいろいろと不都合なことが起こるので、共同生活を維持するための規則＝法律が定められ、社会秩序を守ることが考え出されました。そのほかにも、人間の幸福とか、人間の理想的な生活とかいう観点から、人間はかく生きるべきだという思想が生まれています。

ただ、人間の表現は本来自由だからと言って何も規制が無いわけではなく、それらしきものはあります。それは不自然な生活（心意・行動）に対して現れる身体上の異常、いわゆる病気です。

人間生活に現れる病気やケガの原因は、天候不順や不慮の災害などのように不幸をもたらす外的要因（神の怒り、悪霊の祟《たた》り）によるものと考えられてきました。

もし、こうした不幸な現象が神の怒りや悪霊の祟りなどによるものだとすると、人間の手には負えないものということになりますから、神様に祈念して「招福・除災」「五穀豊穣」「家内安全」を願うほかはないわけです。

言い換えれば、病気や災難は無ければ無い方がよい、自分にとって都合の悪いことが無いのが幸せだという考えが、今の世の中を支配しているのです。

それに対して、「人生は芸術である」という理念は、人間が現実に生きている姿の真実を明らかにし、病気や不幸などの生活上の障害は自己表現との関係で理解しなければ本当のところは分からない、ということを明確にしました。それが「みしらせ・みおしえ」の真理です。

一切の不幸・苦痛・災難がみしらせであることが分かりますと、神は人間を幸せに導くためにさまざまな現象を顕《あらわ》しているのだと理解できます。従って、私たちはいつも神様に見守られて、必要に応じて神様がみしらせを通して警告を発してくださると信じられるのです。

ＰＬの信仰は神に招福・除災を願うのではなく、神様は私たちを幸福に導いてくださるナビゲーターだと信じて、楽しく心ほのぼのと暮らすためのものです。「暢気に陽気に朗らかに暮らす」という幸福への道も、神を信じ、大いなる神慮《みこころ》に包まれて生きているという安心感を持つことで、初めて歩むことができる道なのです。

第九条
人《ひと》は平等《びょうどう》である

9

人は日止である

人は平等である、と言われても、私たちは何の感興も起こさないでしょう。それは現代社会において「人は平等である」という言葉が言い古されているからです。

教育現場でも、生徒を平等に扱うことが大切だからと、いろいろな意味での順位づけをやめる傾向があります。しかし、私たちはそれで本当に「人は平等である」と心から思っているでしょうか。

人間の感情の多くは対人関係のしがらみの中で起こってくることですから、人という存在に対する認識を改める必要があります。

おしえおや様は「人は日止《ひと》である」と教えてくださっています。「日止」という言霊《ことだま》は「神（日）が宿っている」という内容で、人間には神の霊性霊能が備わっているということです。

確かに、人間は他の動物に比べると段違いの能力を与えられています。自然界に無いものを創造する力は、真に目を見張るものがあります。言語という表現手段や自動車・飛行機・船舶といった交通手段は、みんな人が作り出したものです。

それらは自分とは関係ない優れた人が作ったものだと思いがちですが、そんな特別の人などいません。人間の体の構造はほとんど同じで、個々の能力差は、教育環境と本人の努力が生み出したもので、潜在的にはすべての人に同じ能力が与えられているのです。

あるがままを受け止める難しさ

ところが、人間には自分を偉く見せたいという気持ちがあるようで、学歴を誇ったり、地位や立場の上下で人を評価したり、自分が今までにしてきたことを自慢したりする人がいます。

このように人を評価する思いを持って暮らすと、自分の自己表現を歪《ゆが》めてしまいます。人は日止として、絶対不可侵な存在として生きていますから、他人がとやかく言うことは神が許さないのです。

私たちの目の前に現れてくる人という存在は自己表現の対象であり、草木や花などのようにあるがままに受け止めて関わりを持たなければならない表現の対象です。ところが、そのあるがままを受け止めることは、雨が降るなどの自然現象に対しては比較的楽にできるようですが、人間に対してはとても難しいようです。

それは、馬鹿にされたくないとか、あの人より自分の方が上だとか、自分がやればもっとうまくできるとか、自分の方が下になることは認めたくないとか、そんな思いで人と対してしまうからです。

しかし、人は自由な存在ですから、その人が何をしようが、はたから口は出せないのです。

不足はつまらない

私たちは人の表現に対して、さまざまな思いを抱きますが、それによって自分の表現が立派になることはありません。

例えば、要領が悪く、手間取っている人を不足に思ったとします。〈何て要領が悪いのだろう〉〈こうすればうまくできるのに〉と思い、中には、見かねて人のしていることを横取りして自分でしてしまう、という人もいるようです。

人のしていることはその人の自己表現ですから、他人がいろいろと批判したり、横から手を出したりすべきではないのです。

部屋を退出した人が障子をきちんと閉めなかったので隙間風が寒い、という目に遭うと、戸をきちんと閉めなかった人に対して不足を思います。〈戸をきちんと閉めないとはけしからん〉とか〈人間がだらしないからだ〉とか、ごちゃごちゃ思いながら戸を閉めに立つでしょう。

その時の自分の心の中には他人の人格を尊ぶという思いは毛ほども無く、相手のしたことに対して不足を思い、腹を立てることになっています。

このことを客観的に見ますと、自分は立って戸を閉めに行っているのですから、いわば自己表現をしているわけです。その自己表現を、人の不足を思い腹を立てながらしているのですから、楽しくないだけでなく、不愉快な思いでしていることになります。

自分の大切な自己表現を、他人の行動で不愉快なものにしてしまうことほどつまらないことはありません。しかも、それが他人の不注意な行動から引き起こされたと思えば、これほど馬鹿らしいことはありません。

立って戸を閉めに行くという些細《ささい》なことをするのに、〈こんなことをしなければならないのは、あいつの不注意な行動が原因だ〉と他人のしたことを思って不愉快になる。しかも、その場にいない相手は何の痛痒《つうよう》も感じません。

いわば役に立たない無駄なことを思い、自分の自己表現で不愉快になるというおかしなことをしているのです。

人は人、自分は自分

もし、この戸の隙間が人がしたことで生じたのではなく、何かほかのこと（風のせい、あるいは、犬や猫が通ったとか）が原因で生じたのであれば、いろいろと思うことはないはずです。人がしたということになると、途端に不足の思いが出てきて不愉快になるのはなぜでしょうか。

私たちは人の行動を評価するのに、特別の物差しを持っているようです。障子の開け閉めはきちんとすべきだ、人がたくさん集まっている時は声高に話すべきではない、廊下は静かに歩くべきだ等々、あれこれと基準を設けて、それで人の行動を批判しているのです。

しかし、人はこうするべきだという客観的基準は、あるようで無いのが現実です。自分がこうあるべきだと思っていることも、誰もがそう思っているとは限りません。戸はきっちり閉めるのがよいと知ってはいるが、たまたまその時はほかのことに気を取られていてうっかりしていた、という場合もあるでしょう。失念しての失敗は人間の常です。

もしそうだとしたら、人のすることと自分の自己表現との間には何の関係もないことが分かります。関係ないことに腹を立てたり、不愉快になったりして、心を乱すのはもったいないことです。

人は人、自分は自分と割り切って自分の自己表現に誠を込め、楽しく人生を送りたいものです。

善悪でなく上手下手の基準で

人の表現は善悪という基準で判断・評価する、というのが今までの考え方でした。これは悪因悪果、善因善果という道徳的考えによるもので、善い行いは善い結果（幸福）をもたらすという思想です。

この考えによると、身の回りに起こることは皆自分にとって良いことばかりであるのが理想だということになります。都合の悪いことが起こるのは悪いことをしたからに違いないと、自分を責めることになります。

人間の表現は、善悪という基準で評価すべきものではありません。その時の状況によって一つの表現が善行になる時もあれば、結果から見て人を不幸に陥れる場合もあるからです。

絵が上手に描けるからその人は立派な人格者かというと、そうとは限りません。人間の表現は、鍛えれば鍛えるほど上手になるものです。

逆に言うと、どんなに立派な人格者でも稽古しなければ上手にならないことがいっぱいあるのが、この世の中です。

みしらせは悪いことをしたから戒めのために現れるのではなく、対象との関わりがうまくできていないところを教えるために現れる苦痛です。みおしえで「腹立てません」と教えられている人がしょっちゅう怒っているのかというと、そうではなく、ある人またはある特定の事柄に対して腹を立てているわけで、その他のことには普通に対しているわけです。

なぜ特定の人や物事には腹を立てるという拙い対応しかできないのかというと、予断を持って対しているからです。

例えば、部下だから当然言うことを聞くべきだというのはこちらの考えで、相手がそう思っているかどうかは相手の自由です。もし、言うことを聞かせたいのなら、相手が納得するように説明する必要があります。

人は自由に自己表現をする権利を持っている存在です。他人がとやかく言うことはできない存在なのです。

第十条

自他《じた》を祝福《しゅくふく》せよ

10

対象と自己との調和

「人は表現の態《たい》にて生きる」という原則に立つ以上、人が生きるということは対象と自己との関わりを成就するということです。

その関わりは対象の方に重点があるとバランスが悪いし、かと言って自分の方に偏っているのはどうも自分勝手が過ぎるようでうまくない気がします。では、どういう状態の関わりがよいのかというと、自分も楽しい、相手も楽しいという関わりです。

この自分もいいが他人もいいという関係を作ることが、自他祝福の境地です。そのためには、自分という存在に対する認識を確立しなければなりません。

なぜなら、人間は主観の動物と言われるように、特別に意識しないで行動する時の人間は自分中心の物の見方、考え方しかしないようになっているからです。

動物の場合は、食欲が満たされればそれで満足するという規制が働きますが、人間の場合は金銭という欲望の介在物の獲得という形を取りますから、自己中心の考えは無限大の広がりを持つことになります。

エビ・カニ・マグロなどの海洋資源の枯渇を心配しなければならないほどに乱獲し

たり、一つのヒット商品が生まれると幾つもの会社が類似品を製造して過当競争を展開したりするのも、自己中心的な考えの拡大が及ぼした影響といえます。

このような自己中心的な考え方が争いや不幸をもたらすという見解から、人間の欲望を悪と考える思想が生まれました。煩悩消滅、清貧の思想などがそれです。

これは人間の自己中心的な考えそのものが悪いという、人間そのものを否定する非常に無理な考え方ですから、人類の救いにはなりませんでした。

それに引き換え自他祝福という考え方は、適度な自己抑制を促し、対象と自己との間に調和のある関わりを成し遂げようという在《あ》り方です。

人間はすべてのものから切り離された個人として存在しているのではなく、ほかとの関わりを持った存在として生きているのですから、自己の存在をほかとの関わりの中で認識しなければなりません。

いつも対象との関わりの中で自己を表現しているのですから、ほかとの関わりの中にある自己、つまり〝他己〟（他のための自己）という認識を持つのが最も正しいと思います。

他己としての自己とは

他己としての自己は、対象との関わりの中にある自己という意味ですから、対象との関わりという面から〝他己〟について考えてみましょう。

例えば、子供と進路のことについて話し合うとしましょう。その場合、多くの親は自分の経験を踏まえて、子供の将来のことを考えます。

病院を経営していれば、子供に後を継がせようと思うでしょう。あるいは商売をしていて資金繰りに苦しい思いをしたことがあれば、子供にはこんな苦しみを味わわせたくないと、大きな会社に勤めるように勧めるでしょう。

しかし、肝心なのは子供が自分の進路に対してどう思っているかです。どれほど有益な助言であっても、自分の考えを子供に納得させようとするだけでは進路について話し合ったことにはなりません。

子供がどう考えているかが話の中心でなくてはならないのに、肝心の子供の気持ちは横に置いて、親が自分の考えを子供に納得させようとするのは親のわがままです。

私たちの生命は表現という形でこの世に現されますが、表現という形は対象と自分との調和によって完成するという宿命を持っています。従って、自己は自分の都合や考えによっているだけでは、その役目を果たせないのです。

ではどういう役目かというと、前に述べたように、他のための己であると認識する必要があるのです。すなわち〝他己〟という認識です。言い換えれば、自己は他己であるという認識を持った時に、初めて人としての働きを十分に果たすことができるのです。

短歌制作の第一歩

「人生は芸術である」というＰＬ理念の修行の道の一つが短歌です。我が国の独特の文化ですから、他の国の人には理解しにくいところがありますが、初代教祖の時代から「短歌を学べば教えが早く分かる」と、作歌が教えを理解する近道だと指導されました。

では、どういうところが教えを理解する近道になるのかと言うと、他己として対象と接する在り方を学ぶところにあるのです。

短歌は触れた対象との関わり合いの中で、心に響いた思いを三十一文字の詩形にまとめるというものです。その心に響いた思いが感動なのですが、この感動をそのままに三十一文字の詩形に表すことは、とても難しいのです。


障子の近みに雀時に鳴き祖《おや》の口述間おきつづく　矢野次郎

この歌がなぜ字足らずになっているのかということを疑問に感じ、何度も何度も繰り返し読み返してやっと分かったという苦労話が、井上一二先生の歌集『火焔』の後記に記されています。

「祖の口述間おきつづく」の下の句を「間おきてつづく」とすれば七音になり、歌の形としてはその方がきちんとした形になるのでしょうが、そうすると口述の間が空きすぎる感じがするのでしょう。

文章を考えながら口述する時の間は、はっきりとした休憩ではありません。途切れるでもなく続くでもなくという調子で口述が続くわけですから、「間おきつづく」と字足らずにした方が自分の感じをそのまま表現できるという作者の真実表現だったのです。

「間おきつづく」と「間おきてつづく」の感じの違いを吟味していただくと、井上先生が分かったと叫ばれた感覚に共感できます。

人のためを図る

「人は表現の態にて生きる」ということが「人生は芸術である」というＰＬ理念の根底にある、と何度も申し上げてきましたが、ＰＬ処世訓「自他《じた》を祝福《しゅくふく》せよ」も〝表現〟という基本に基づいて理解すると分かりやすくなります。

人間は表現という形を取ることで生きているのですから、対象との関わりが生存の基本条件になります。

例えば、桜の花を見た時、私たちの生きている姿は桜の花との関わりによって表現されるわけですから、桜の花を無視しては成立しようがないことになります。

同様に、人を対象として自己表現を行う場合には、その人との関わりに調和を生み出すことが目的となります。人のためを図ることが自己表現の目的とならなければならないのです。

ところが、そのためには何か特別なことをしなければならないと思う人が多いようです。人のためを図ることは人間表現の基本です。人のための存在が自己であるという意味で、自己は他己なりと教えていただいているのです。

人と話をする時に自分の言いたいことだけを言うのでは、気持ちを相手に伝えられないでしょう。相手がどう考えているか、またどういう気持ちでいるかを十分に理解した上で自分の思いを述べなければ、言いたいことをきちんと理解してもらえません。

相手の気持ちを聞き、こちらの言い分を言い、そうすることで話は進んでいくのであって、自分の言い分を主張するだけでは所期の目的は達成できません。もちろん、そんな目的を持たないおしゃべりもあるでしょうが、それとても相手に喜ばれる話題を選ぶことが必要でしょう。

周囲の人との調和を図ることは、人の機嫌を取るとか、人のためにするというわけではなく、自分の自己表現を完成するためにすることです。他のために心を使うということは、他人のためにわざわざすることではなく、自分の自己表現を全うするために、対象をよく理解し、それに調和するよう心掛ける在り方なのです。

ＰＬの教えは人間として生きていく上での自然の在り方を明らかにするもので、何も特別のことではありません。

ＰＬ遂断詞《しきりのことば》に書いてあることを子細に検討していただくと、その一つ一つがごく当たり前のことであることが分かると思います。

第十一条

一切《いっさい》を神《かみ》に依《よ》れ

神様にお願いすること

私たちの普通の感覚では、神様にお願いすることは「家内安全・五穀豊穣」という言葉がその内容を一番よく表しているでしょう。

「家内安全」というのは、家の中にいろいろな問題も無く、みんな健康で幸せに暮らすという穏やかな生活を意味し、「五穀豊穣」は米・麦・粟・豆・黍《きび》などの穀物がたくさん採れて食うに困らないことを願っているわけです。このような願いの根底には、神様がこの世を支配しているという信仰があります。

初代教祖・御木徳一師が、幽祖《かくりおや》・金田徳光師から「現在の教訓は十八箇条ですが、これでは完全な教えとは言えません。あなたが神籬《ひもろぎ》を守っていれば後の教訓三箇条を現わす人が現れてこの教えを完成することになります。あなたはその人について修行し、真の宗教家の道を歩みなさい」との遺言を受けて修行し、最初に授かった人訓は「かみは一体《いったい》であるばんしんなきことを知《し》れ」でした。

この内容はＰＬの出版物の「神」の項で、次のように説明してあります。

《神は全体であって、万象の根源です。すなわち、世の中の現象のすべてはこの神の働き（神業《かんわざ》）です。人もその神業の中で生まれ、生かされつつ生きているのです。この神をＰＬでは大元霊（だいげんれい・みおやおおかみ）と言います。おしえおやは、この神を感得して人々に神に依《よ》る幸福な道を教える立場の方であり、私たちはおしえおやを通してはじめて人生の真理を知ることができるのです》

宇宙全体を神の顕現と見るのが、ＰＬの神観です。この神観に立つ限り、神が人間と同じように意志を持って人間の運命を司るということはないことになります。ただお願いするだけで神様が私たちのために何かしてくれることはないということは、誰もが知っています。

しかし、正月になれば初詣に出掛け、どうでもかなえたい切実な願い（例えば受験などのような）がある時に神様に祈願するのは、ごく普通のことです。

私の神様に対する考えもそれとあまり変わりのないものでした。その考えを根底からひっくり返したのは、先輩の言葉でした。

先輩に「君たちは一日に何回くらい神様を拝んでいるのか」と問い掛けられたのです。その時の私には神様にお願いしなければならないほどの大きな問題も無く、また、それほどの切実な願いも無く暮らしていました。

ＰＬの教えで、何かをする時には神様を拝んでするとよいと教えられているくらいでしたので、「そうですね、五、六回くらいですかね」と答えました。すると先輩は「そんなことではだめだ。わしは一日に百回くらい神様を拝んでいる」と言われるのです。私は〈一日に百回というと、十八時間起きているとしたら十分に一回拝むことになる。そんな馬鹿なことをしていたら仕事ができないではないか〉と思ったので、「どうしてそんなに神様を拝むのですか」と問い返しました。

するとᅟ「わしは神様を拝まざるを得ないから神様を拝んでいるのだ」と言われたのです。

その答えにビックリしました。私にとって神様というのは、用がある時に拝めばよいもので、「神様を拝まざるを得ない」という心境は想定外だったのです。

「どうしたらそういう心境を分からせていただけるのでしょうか」

「君でも神様を拝もうと思うことがあるだろう。その時に礼拝の形をしっかりとって、神様を拝んだら分からせていただける」

それからの私は、神様を拝もうと思った時には、必ず神前に行き、礼拝の形式をきちんと取るように心掛けました。

玄関を出ようとして神様を拝んでいないことに気が付いたら、靴を脱いで神前まで戻り、改めて神様に「今から誰々様のところに行かせていただきます」とお誓いをしてから出掛ける、というように実践したのです。

一つ一つに意味がある

そういう生活を一年ほど続けますと、神様を拝むことが特別のことではなく自然なことになり、習慣となりました。そしてその時に「神様を拝むと心が決まる」ということを感じたのです。

礼拝の一つ一つの形式には、おしえおやの遂断が込められています。

最初の「無我の式」は、心を鎮め神様を拝むという心の姿勢を正すことを形に表しています。

次の「合掌」は、神を向こうに置いて合掌している姿で、多くの宗教はこの形で神様を拝むことになっています。

「日象の式」は、両手の親指と人差し指で丸く太陽を型どり、頭上に戴きますが、これは神と人とが一体であることを象徴している式です。この式をしていると、「向かうところ敵無し」という心境になります。

日象の式からまた合掌に戻った時の自分は、神人合一の境地に立っているので、最初の合掌の時の自分とは違う自分になっているわけです。

その時の祈りは、これからの自己表現についての自身の心構えを宇宙に宣言するのですから、何の憂いも無い純粋無垢《じゅんすいむく》な自分があるだけです。従って、神様に自分の願いをお願いするのとは全く違う世界がそこにはあるのです。

おしえおや様が、神による自己表現という言葉で教えてくださっていた境地が、それであるかどうかは明言できませんが、その境地を垣間見た後の私は、神様を拝まざるを得ない気持ちになっていました。

一日百回拝んでいるかどうかは分かりませんが、拝まずにいると何となく頼りない自分が、神様を拝むと何の悩みも雑念も無い自分になっていることを感じます。

対象に生きるには

「人は表現の態《たい》にて生きる」のが人生の基本ですから、私たちの生活は表現という形を取ります。

そして、良い表現とは対象と調和した表現です。対象と調和するためには対象をよく理解しなければなりませんが、私たちの理解は自分の持っている知識や経験に基づくものですから、必ずしも行き届いた理解にはなりません。

そんな主観の歪《ゆが》みを無くすためにも、神に依ることが大切なのです。この時の「神に依る」は、自分の願いを祈願するのとは違う心の状態で神様を拝んでいることは理解していただけると思います。「どうぞ対象（人や事柄）のありのままを理解させていただけますように」というお願いと、「どうぞ○○大学に合格しますように」というお願いを並べて検討してみてください。

前者のお願いは何の期待も無いのに対して、後者の願いは結果に対する期待がすべてで、その期待がかなえられない時には、願いそのものが無になるのです。

ですから、神様にお願いするに際しては〝お百度〟や〝茶断ち〟など、どれだけ切実に願いがかなうことを望んでいるかを表現するという、お願いの方法が生み出されました。

そういう神様との関わりと、「一切を神に依れ」と示されている内容との相違点は、拝んだ後の心の状態にあります。

私が礼拝の形式を意識して取るようになって感じたのは、神様に遂断ると心がピシッと決まるということでした。

例えば教会に行って大勢の方に話をしなければならないという時に、〈どういう話をしようか〉とか〈うまく話せるだろうか〉とか、いろいろなことを考えます。ところが話す直前に神前に行って、「ただ今からこれこれの人たちに何々についてお話をさせていただきます。どうかその人たちの幸せに役立つような話をさせてください」と遂断りますと、今までのいろんな思いが嘘《うそ》のように無くなり、すっきりとした心で臨むことができるのです。

この体験をしてからの私は、神様を拝まざるを得ないという境地を少し分からせていただいたようです。神と共に生きている感覚というか、神に生かされている自分を感じながら生きています。

この世界は一人一人違うものがあると思いますので、神様を拝もうと思った時には、礼拝の形をきちんと取って、自分自身の神様との関わりを発見してください。

第十二条

名《な》に因《よ》って道《みち》がある

名は働きを示す

この世の中にある一切のものには必ず名前があります。そしてその名前は、その物を示す符号という意味だけではなく、その物の持つ使命や本質をも示しているのです。

従って、私たちの自己表現を正しく行うためには、名前が示している、その物の働きに添ってその物を使うことが大切になります。

最近はタバコに対する規制が強くなり、タバコを吸う人は少なくなりましたが、私の若いころは自由に吸う人が多く、宴会などで手近に灰皿が無いと、小皿の上にタバコの灰を落として灰皿代わりにする人が当たり前のように見受けられたものです。

私もそういう大人の姿をまねてタバコの灰を料理の皿に落としたところをPLの先生に見られ、きつく叱られたことがあります。

「料理の小皿は料理を盛り付けるためのもので、灰皿ではないことは君にもよく分かることだろう。それにもかかわらず、君が小皿にタバコの灰を落としたのは、小皿を一時的に灰皿にしたということだ。『洗えばきれいだから、また小皿として使えばいいじゃないか』というのは、きれいだからと灰皿に料理を盛るのと同じことだよ。そんな馬鹿なことはしないだろう。物を生かして働かすためには、その名前の示す働きのとおりに物を使うのが芸術生活だよ」と教えられたのです。

これは自己表現を芸術にまで高めるための心得の一つです。名前と違う使い方をするのは物の命を粗末にすることになり、物に恵まれないことになります。

もちろん、人間は自由な存在ですから、コップに花を生けて花瓶に使うというような表現をすることもできます。しかし、そういうふうに使うのであれば、そのコップはもう花瓶にしたのであって、それをまた洗ってコップに使うということはしない方がよいのです。

名に因っての道とは

「世の中にあらはれたる一切のものは皆ひとをいかす為《ため》にうまれたるものと知れ」というのは、初代教祖が授かられた真理です。

「人を生かすために」という内容は、一切のものは人間との関わりにおいてその意義を持つのであって、人間を離れて意義を持つことはできないということ、すなわち一切の物は人のために存在しているということなのです。

そして、人のための存在であるというその物の働きは、名前によって示されているのです。このことを別の言葉で言えば、「一切の物は、人によってその用途が遂断られている」ということになります。

「名に因《よ》って道がある」という場合の「道」とは、遂断ということです。遂断とは、こういうふうにしますと心を決めるということで、多くの人がそう決めたこともあれば、自分一人で決めたことも「道」になるのです。

そういう意味において、コップを花瓶にすることもできるのですが、一旦花瓶にすると決めたら、その時から、そのコップは花瓶として働くことになるのです。

ペットとの関わりも

最近ではペットの犬や猫を家族同然にかわいがる人が多くなり、犬が死ぬとその弔いをするとか、猫が死ぬと肉親が死んだかのように悲しみ、嘆くというようなことが普通に見られます。

このようなペットとの関わりが行き過ぎると、「名に因って道がある」という真理に反することにもなります。

お子さんがいないこともあってか、非常に飼い犬をかわいがっている女性がいました。その愛犬がふとした病気であっけなく死んでしまいました。

その方は本当の子供のように犬をかわいがっていましたので、愛犬の死を悲しみ、教会に解説を受けに来られました。

教会の先生は、「かわいがっていた犬が死んだということは、みしらせとしてあなたに何かを教えていただいているのだから、みおしえ願いをしましょう」と、みおしえ願いを受け付けてくれました。

何日かしてみおしえを拝受した女性はビックリしました。動物をかわいがり過ぎて人を粗末にするようなことになってはいけない、という意味のことが書いてあったのです。

それを見て、彼女は深く反省することがありました。彼女のご主人はそれほど犬好きというわけではなく、膝に乗ってくる犬を時には邪険に追い払うこともありました。

そんな夫の姿を見るたびに〈あんなに邪険にしなくてもいいのに〉と不足に思ったり、腹を立てたりしていたのです。

ＰＬ遂断詞《しきりのことば》の一節に、「人《ひと》は神《かみ》の表現《あらわれ》にして万物《よろずのもの》の長《おさ》にしあれば　人《ひと》より尊《とうと》きものはなく　世《よ》のあらゆるものは各《おの》も各《おの》もその名《な》に因《ちな》みて真道《まみち》をつけ　人《ひと》のために現《あらわ》したまえるものと知《し》りて」と示されているように、この世のすべてのものは「人のために現されているもの」であることを知って、対さなければならないのです。

ほかにも、例えば高級レストランに行きますと、使っている食器やお皿などにも気を配って、料理の見栄えを良くするとともに、盛り付けにも配慮していることが分かります。

また、フレンチやイタリアンレストランなどでは、魚と肉でナイフの種類を違えていたりします。カトラリーの形を変えることで、つまり、その物の用途をしっかりと決めることによって、芸術の質を高めることを試みているのです。

茶道においても、使う道具一つ一つに、その役割に応じた名前が与えられています。茶席に飾る茶花を入れる「花入《はないれ》」、茶碗を拭くのに使う「茶巾」、茶碗をすすいだり釜に足したりする水を入れる「水指《みずさし》」など、いずれもオンリーワンの用途です。

芸術も高度になればなるほど物の扱いに気を配り、名に因っての道を大切にしているのです。

立場にふさわしい自己表現

「名に因って道がある」という真理は、人間の社会にもあります。社会生活の基本を学ぶべき時代は「生徒」あるいは「学生」と呼ばれ、社会人として社会に出たら、就いた職業や立場に応じて、警察官、教員、会社員など、さまざまな名前で呼ばれることになります。

そして、社会人としての自己表現は、その人の立場に基づいての表現であり、職場は単なる生活費を稼ぐ場所という意味だけでなく、自己表現の場を示すことになります。

職業に就くまでの学生という立場での自己表現は、いろいろな面で猶予されていますが、社会人になると、その立場に付随する責任や規制を受けることになります。例えば、教員という立場になれば、普段の行為も自分が教える生徒への影響を鑑みての規制が加えられることになります。

そんな規制を受けるのは嫌だとか、自分は自由だから何をしてもよいではないか、などということは認められないのです。教員は教員として、警察官は警察官として、その立場にふさわしい行動を取ることが要求されているのです。

人間表現の場合の「名に因って道がある」ということの内容は、ＰＬ諸心得によって示されています。ＰＬ諸心得は、その人の職業や立場にふさわしい自己表現の在《あ》り方を示していただいているものです。

「ＰＬ諸心得」には次のものがあります。

妊産婦（夫）心得
妊産婦（独身女性）心得
受験心得
運転者心得

事業者心得
事業者（独身）心得
指導者心得
教育者心得
幼児教育者心得
看護師心得
助産師心得
介護人心得
農業者心得
理美容師心得
外国語習得の心得
外交・販売員心得
結婚誓詞（夫・妻）

これらＰＬ諸心得の拝受については、所属の教会でお尋ねください。

第十三条
男性《だんせい》には男性《だんせい》の、女性《じょせい》には女性《じょせい》の道《みち》がある

13

生理的構造の違い

現代社会の構造が男性に有利にできているということは、否めない事実でしょう。そういう不利な状況で生きなければならないことに対する反発から生まれたのが女性の復権運動ですが、男女平等という視点に立って男性と同じ待遇を受けることを主張するだけでは、真の男女平等の社会を築くことはできないでしょう。

確かに、人間としては男性も女性も同じ立場に立っていますが、肉体的な性別はいかんともしがたいものです。性の問題をどう理解するかに、男女平等実現の道があるといえましょう。

愛情表現の違い

男性と女性の違いは、身体構造の違いだけでなく、愛情表現の違いにもあります。次の短歌はある女性歌人の作品です。

観覧車回れよ回れ想ひ出は君には一日《ひとひ》我には一生《ひとよ》　栗本京子

恋人と一緒に観覧車に乗った、その思い出はあなたには一日のことかもしれないが、自分にとっては一生の思い出だという意味です。この歌に共感する女性が多いことを思うと、女性の愛に対する感覚は、男性とだいぶ違うということが分かります。

第二代教祖は『愛　愛する愛と愛される愛』（芸術生活社刊）で、男性の愛情表現は愛する愛であり、女性の愛情表現は愛される愛であると、男女の愛情表現の違いについて詳しく説明しておられます。

男性の場合は、愛情とは到底言えないような、女性を欲望の対象としか見ていない欲情から、相手の幸福を願い一生を共にしようという愛情まで、幾つもの段階に分かれます。欲情の場合を除いて、男性の愛情は相手が喜ぶ姿を見て満足する「愛する愛」という形を取ります。

それに対して、女性の場合は、男性のために何かをしてあげて相手が喜ぶ姿を見るだけでは満足できません。自分がしてあげたことに対して男性から自分を愛する行為を返してもらって、初めて満足するのです。

つまり、女性の愛情表現は、男性の心に自分への愛情を呼び起こし、愛し返してくれることを期待するものですから「愛される愛」というわけです。この愛情の違いを知らないために、家庭に隙間風を生じさせている夫婦が多いのは、誠に嘆かわしいことです。

愛される愛情表現

母親が子供を愛する場合、子供から何かをしてもらおうと期待する人はいないでしょうが、女性が意中の男性に何かをしてあげる場合には、その男性に愛されることを期待します。すなわち、自分が愛されることで愛情表現が満足することになるのです。

女性は愛情が返ってくることを期待していろいろな行動を取るのですが、愛する行為の目的を知らないため、往々にして愛情のボタンの掛け違いが起こります。

例えば、今も昔も女性が男性に渡すプレゼントに多い、手編みのマフラー。せっせと編んでいる人を見掛けますが、果たしてもらった男性は本当に喜んでいるのでしょうか。愛する人のために自分の時間と労力を使って編み上げたマフラーだからきっと喜んでくれるに違いないというのは、残念ながら勝手な思い込みです。

相手のために何かしてあげたいという愛情は、子供に対してはそれなりの効果を上げるかもしれません。親は子供の好みをよく知っていますから、好きなものを食べさせるとか、プレゼントするとか、喜ぶことをしてあげれば子供は素直に愛情を受け止めるでしょう。

しかし、成人男性は、個人差はあっても、そんな愛情表現を煩わしいと感じる人は多いものです。

愛情を育てていくのは自分

男性の愛情表現は、女性の愛情表現が男性の求めていることにピッタリ合った時に、その効果として起こります。

ドラマや映画で不倫を描く場合に社長と秘書の関係が多いのは、秘書の動きと愛される動きがよく似ていることにその理由があるといえます。

秘書の務めは、社長が滞りなく働けるように気を使うことです。秘書の気働きは社長中心のものとなりますので、気働きのある秘書を社長がかわいいと感じるのは当然なのです。気働きを愛情と勘違いし、秘書に対して特別の感情を抱く社長の姿は、理解しやすく描きやすいのでしょう。また、秘書の方にも社長に寄っていく感情が起こりますので、両者の気持ちが合致し、恋愛の形を取りやすいのでしょう。

愛する動きをすれば愛情が深まり、愛される動きをすれば相手の心に愛する気持ちが生まれるのは自然の理《ことわり》です。もっとも、不倫は読んで字のごとく、倫理から外れたこと、人の道から外れたことです。自分の人生芸術を不真実のものにすることですから、そのひずみの分だけ苦しまなければならないことになります。

一般的に、愛というと何か神秘的なものがあるかのように信じられていますが、愛情はそんなものではなく、自分の行為によって自分の心を育てていくものにほかなりません。

もし、愛情が神秘的なものであるのなら、愛する者同士が結婚したのに、その愛が冷めたり、離婚したりする理由が分からないことになります。愛情が人間の行動〈愛する動きと愛される動き〉によって育てられるものであるとすると、愛情の変遷がなぜ起こるのかもはっきりするわけです。

愛する動きと愛される動き

繰り返しになりますが、愛する愛は男性の愛情の形で、愛することによって相手が喜んでいるのを見て自分も満足するという、愛する行為自体の喜びです。

それに対して、愛される愛は自分が相手を愛するだけでは満足せずに、愛した対象が自分を愛するという行為を生み出し、自分が愛されることによって満足するという女性の愛情の形です。

ただ、ここで注意しなければならないのは、相手のために何かをしてあげるという時には、相手の気持ちに添って行うということです。独り善がりに〈こうすれば相手が喜ぶだろう〉ということをしてあげるのは、子供を愛するのと同じ行為であり、愛される動きとはならないのです。

そう言われても、相手が何を求めているのかなんて分からない？　いい方法をお教えしましょう。

それは「気が付いたことをすぐする」ということです。気が付くということはその時に必要なことを神様が教えてくださるということですから、そのことをすぐ実行すれば、必ずあなたのためになるはずです。

妻の道として教会で教えられるのは愛される動きですが、それを夫のために妻がしなければならないことのように理解して、夫の気持ちに添うということを誤解している面があるようです。愛される動きである妻の道は、自分の心に愛情を育てるための動きだということを言い添えておきます。

（1）夫がそのときそのときにしてもらいたいと思っていることが分かったら、すぐ実行する。

（2）夫の身の回りの世話をすすんで気軽にする。

（3）夫の気持ちを気づかせていただくように神に祈る。

この妻の道三箇条は「愛される動き」を簡潔に教えてくださっているものですが、〈必ず実行しなければ〉と生真面目に考える必要はありません。〈気が付いた時に実践しよう〉くらいの気分でいましょう。（1）に「分かったら、すぐ実行する」とあるのですから、分からない時には自分がすべきことをしていればよいのです。

良き妻になろうと気を張って、あれもこれもしなければならないと頑張り過ぎている人がいますが、そういう思いは要らないのです。ＰＬの教えは人間の自然な在《あ》り方を教えてくださっています。

生活の中で、何かギクシャクしているとか、どうもうまくいかないなどと感じた時にＰＬの教えを思い出し、どこが違っているのか検討して、自然な在り方に変えることが大切です。

気が付いたことをすぐ実行することが、教えを実行する上で一番大切な心得だと思います。

第十四条

世界平和《せかいへいわ》の為《ため》の一切《いっさい》である

相手の幸せを願う心

人間にとって一番大切なものは自分自身です。ところがその一番大切な自分自身にとらわれて自分の思うままに生きると、周囲との調和を欠き、かえって不幸な人生を送ることになります。

そういう意味において、大切な自分自身を生かすためには、主観という枠を超えて客観の境地に立つことが必要になります。そこで考えなければならないのが、愛情という問題です。

世界平和と愛情というと、何かとんでもない組み合わせのように感じられるかもしれませんが、愛情の無い世界平和は権謀術数によってつくられた平和であり、おしえおや様の祈念される大平和とは異なるものです。

愛情という言葉は「結びついて一緒に暮らしたいという心」のように、男女の関係で使われることが多いようですが、愛情には、親子の愛情、友人間の愛情、師弟の愛情など、いろいろな形があります。そして、それらの愛情の基本には、愛する対象がより立派に、より美しくなることを望む心があるといえます。

もし、自分が愛することによって相手が傷つき、不幸になるとしたら、その愛は利己的な、自分中心の欲心であり、愛情とはいえません。

従って、愛情とは相手が幸せになり、立派になることを望む心だと規定することができます。この愛の心をより大きく、より広く及ぼすようにすることが、人間本来の姿なのです。

人類愛が平和の基

太平洋戦争が終わり、平和な社会生活を送っている私たちにとって、戦争は遠い昔の出来事で、あまり実感の無い人が多くなっています。

しかし、今でも世界の各地では戦争が起こり、その犠牲となっている人たちがたくさんいます。戦争の被害は、直接戦争に従事して戦死した人たち（戦没者）だけではありません。全く戦闘には関係が無いのに戦火に巻き込まれて死んでいく人や、戦争のために塗炭の苦しみを味わった人など、戦災は直接戦争に従事した兵士だけでなく、戦争の副次的被害を蒙《こうむ》った無辜《むこ》の民にも及んでいます。

第二代教祖・御木徳近日知は、大阪・富田林の聖地に大平和祈念塔を建立するに際し、「万国戦争犠牲者慰霊」という願いを込めて、世界の恒久平和を祈願されました。それまでの慰霊碑は戦没者のためのもので、戦争という悲惨な状況の中で被害を受けた人々の慰霊碑は大平和祈念塔が初めてだったのです。毎年の教祖祭の日に行われる大平和祈念塔年祭で黙祷《もくとう》する時には、第二代教祖のお心を念頭に置いて、世界全人類の福祉と平和を祈ってほしいと思います。

平和な時に聞けば、なぜこんな馬鹿なことをするのだろうと誰もが戦争反対の意志表示をするでしょうが、自分の利害得失が関係してきますと、小は個人的対立、大は国家間の対立抗争も辞さないということになるようです。

個の立場に固執することをやめない限り、戦争はこの世から無くならないでしょう。個は全体の一部分ですから、全体の調和の中でのみ、個の自己表現を全うすることができるのです。

この全体の調和は、お互いが違いを認め、理解し合うことによって生み出されるのです。よく聞く「うちの子に限ってそんなことをするはずがない」という言葉は、子供に対する愛情から出る言葉でしょう。「うちの子」という個の愛情から、「子供がみんな仲良く幸せに育ってほしい」と愛情の大きさを広げていくことが、世界の平和を築いていく上に大切なことです。

別の言葉で言えば、個人愛から人類愛へ、愛情を広げるということです。「人類愛が世界平和の基礎になる」と、おしえおや様は教えてくださっています。

いじめの無い社会を

近年、いじめが大きな社会問題になっています。原因はいろいろでしょうが、仲の良い友達同士でもいじめは発生するようで、本人も気付かずに加害者となっている場合すらあるようです。メールをしたのに返事をくれない、遅い、思うような返事ではなかった、などが理由になる場合もあります。

その原因がどうであれ、いじめが存在するということは、その社会が個人中心の世界となっていることを示しています。だからと言って、全体の調和などというと、戦前の全体主義を思い出して拒否反応を起こすのは目に見えていますから、世界平和を目指しての自己表現ということを目安にするのが一番分かりやすいでしょう。

自己を律する規範は、自分が本当に思ったことでなければ役には立ちません。

例えば、タバコをやめるのはとても大変なことのようです。ところが私の知人は、きっぱりとタバコをやめられました。理由を聞きますと、親しい人が肺がんで亡くなったからだというのです。

「タバコは肺に悪いと聞いてはいたが、大したことはないだろうと高をくくっていた。それが友人の肺がんによる死を目の当たりにして、タバコを吸うのが怖くなった」とのことでした。

タバコをやめるという個人の嗜好の問題に過ぎませんが、とかく習慣は容易にやめられません。まして、その習慣が物の見方・考え方という心の問題になると、これはもう不可能と言ってもよいくらい難しいことなのです。

いじめの問題も物の見方・考え方に由来する心の問題ですから、必死でかからなければ解決しません。特に最近のネットいじめは大人の目に付きにくく、本人たちもそんなに大変なことになるとは思っていないということを、私たちは知らなければならないのです。

難しいからといじめをそのままに放置するわけにはいきませんから、みんなで結んでいじめ撲滅の運動を展開しなくてはなりません。それには、前述のタバコの例のように、本当にダメだということを徹底するほかないでしょう。

「うちの子に限って」とか、「悪い子に誘われて仕方なくしたのだろう」というような我が子かわいさからの発想にとらわれず、いじめは絶対ダメだという意識の徹底を図るために全力を挙げなければならないのです。

真理が当たり前の世の中に

「信仰信念に燃えて暮らせ」と教えられ、「信念とはどういうものですか」と聞いた時に、「信念とは当たり前と思っていることだ」と教えられたことがあります。

「世界平和《せかいへいわ》の為《ため》の一切《いっさい》である」という箇条も、当たり前にならなければ、世界平和を実現することはできないでしょう。

おしえおや様から「世界平和ということは遠いところにあるのではなく、身近な家庭の平和が積み重なって世界平和になるのですよ」と教えられたことを思い出します。中東やアフリカの戦争が無くなることはすぐには実現しないでしょうが、自分の内の平和はすぐにでも実現できます。

ちょっとしたことで起こる夫婦ゲンカ、親子間の気持ちのすれ違い、隣近所の争いなど、家庭が平和になるために乗り越えなければならない問題は多々あります。けれども、それらの問題は本気で取り組めば必ず解決できる問題であって、解決できないのは解決の道を探そうとしないからであるといえます。

争いの原因は物質の取り合いであっても、百%かゼロかというのであればとことん争わなくてはならないでしょうが、お互いが譲歩できるところを発見できれば、解決の道も見いだせるわけです。

譲歩するということを大変なことのように思うところに、争いが絶えない理由があります。ちょっと自分の都合を横に置いて考えれば、折り合える点はすぐに見つかるはずです。

もう一つの争いの原因に主義や主張の対立を挙げることができますが、これは解決の道は無いと思われるほど深刻なものです。しかし、この争いも「世界平和の為の一切である」という視点からお互いの主張や信念を尊重しつつ、共存共栄の道をつくり出すことはできるはずです。

その共存共栄の道は、「人生は芸術である」という真理が、世の中の人々の当たり前のことになるまで広めることによって、見いだされていくのです。

第十五条
一切《いっさい》は鏡《かがみ》である

15

一切は芸術の素材

目の前に現れてくる神業《かんわざ》は、自分に都合の悪いことも良いことも、すべて自己表現の素材です。例えば、おでんに大根を入れる場合、米のとぎ汁でゆでるなどの下ごしらえをします。その時の生の大根が素材であり、大根を食べやすいように調理することを芸術すると言います。

ですから、素材を不足に思うということは大根の鮮度にけちをつけているのと同じことで、それを調理しておいしく食べやすいようにするのが人間の働き（芸術）なのです。

ある商事会社に勤めるS君は、与えられた経理という職務が苦手でした。営業がやりたくて入社したのに金庫番なんてつまらないと思い、毎日の勤務が苦痛だったのです。そんな思いで仕事をしているのですから、上司の注意も〈いちいち細かいことをうるさく言わなくてもいいのに〉と、不足の種になるだけでした。

そのS君が、四月の人事異動で希望の営業部に配属されました。最初は張り切って営業に出掛けたのですが、二、三カ月もすると、またまた不足になることばかりが目に付くようになりました。

　自分の受け持ち区域はもともと小さな取引しかないところなのに無理な営業目標を押し付けられるとか、そもそも会社の営業政策が悪いから業績が上がらないのだとか思えてきて、暇があればマージャンばかり打っていました。

　このS君が友達に誘われてPLの教会の門をくぐり、少しずつ考えが変わっていきました。そのきっかけは、PL信仰生活心得第二条「人《ひと》や物事《ものごと》や天候《てんこう》の不足《ふそく》などを思《おも》わず、自分《じぶん》の考《かんが》えや仕方《しかた》の足《た》りないところを発見《はっけん》し、何事《なにごと》にも創意工夫《そういくふう》の精神《せいしん》を忘《わす》れぬようにいたします。」についての話を聞いたことでした。

　不足になるのは自分の考えや仕方に足りないところがあるからだと教えられ、さらに、頂いたみおしえに「人の不足を思わない」という意味の箇条があったのです。〈考えてみれば自分は不足ばかり言って暮らしているが、それで事態が良くなるわけではないし、思えば思うほど自分自身が楽しくなくなるだけだ。それなら、不足を思わない在《あ》り方を研究してみよう〉と思い立ったそうです。

　それからS君の仕事ぶりはすっかり変わりました。単に取引先を回って注文を取るという受け身の姿勢から、積極的に商品を売り込むようになり、セールスの方法にも工夫を凝らしていったのです。

会社で発行している印刷物から商品の説明に便利な必要部分を切り取って自分なりの商品カタログを作ったり、同じような品物をほかの会社が扱っていたら自社製品と比較して研究したり。取引先を訪問した際には、相手の話を本気で聞くようになりました。

仕事に対する姿勢が変わるにつれ、業績も徐々に上向きになり、一年後には会社でトップの成績を挙げるようになったのです。

S君は、不足を思って暮らしていたころを振り返って話します。

――不足を思っていると、不思議なことに不足に思わなければならないことばかり起こってくるのです。ところがちょっと自分の思いを変えて、本気で仕事に取り組んでみると、おもしろいように次から次へと神業が開けてくるのです。

お得意様から「こんなもの欲しいんだけど」と言われると、以前だったら〈うちの取り扱い商品をよく知っているのに、何もカタログに無い物を注文しなくてもよさそうなものだ〉と不足の思いが先に立って、そんな無理を言うお得意様は避けて通っていました。

今は、そう言ってくださるのはこちらを頼りにしてくれるからだと受け止められて、少々無理をしてでも希望をかなえてあげたいと思います。

一見、商売と関係ないことからでもお得意様の信用が増し、取引も増えていきました。そうなるともう仕事がおもしろくて、どうしてあんなに不足を思っていたのか、不思議な感じがします——。

起こってくることは同じでも

ＰＬ遂断詞《しきりのことば》にも「この道《みち》を守《まも》りなば自由《みさち》を蒙《かかふ》り《中略》鏡《かがみ》として映《うつ》しつつ知《し》らしめたまう」と示されているように、私たちの周囲に起こる一切の物事は、私たちの心の鏡として現れます。

誠をすれば誠の鏡が現れ、我《が》を出せば我の鏡が現れるのです。

Ｓ君の場合も、我を出している間（不足を思っている間）はおもしろくないことばかりが現れ、誠の心になる、つまり仕事に本気で取り組む心になると、その鏡として物事が順調に展開していくことになったのです。

もちろん、順調に展開するとは自分の思うとおりになるということではなく、起こってきたことに楽しく対処できるという意味で、起こってくることが変わるわけではありません。

誠の心になれば自分に都合の良いことばかりが起こるかのように考えるとしたら、おかしなことになります。ところが実際には、信仰して幸福になるということを自分に都合の良いことが起こることのように錯覚して神様にお願いする人が多いようです。当然、そういうことは起こらないのが普通です。

信仰のおかげとは、どんなことに対しても平静に対処でき、楽しく自己表現ができるようになること、人間として神から与えられている力を十分に発揮して暮らすということにあるのです。

その結果として、商売が繁盛したとか、仕事の業績が上がったとか、豊かで楽しい生活ができるようになったとかいうのは、楽しい自己表現の結果そうなったということはあるかもしれませんが、それはあくまでも信仰の余禄であり、目的ではありません。

当たり前のことが楽しい

「人は表現の態《たい》にて生きる」という原則に立って「誠の心」を考えてみますと、目の前に現れた人や物事への対応に、精いっぱいの誠を尽くすことだということになります。

そして、誠とは何かをかみ砕いて言えば、好きなことをしている時の心の状態ではないかと思います。好きなことをしている時は、そのことに集中しているでしょうし、難しいことにぶつかっても何とかしようと工夫し、おもしろがってしていることでしょう。その時の心が誠の心なのですから、目の前に現れたことに対して、好きなことをしている時の気持ちを思い起こして楽しく表現していくようにすれば、誠の表現ができるのです。

私たちは、儒教的な考えで立派な人格者を聖人君子と教えられ、立派なことができるのは聖人君子だと思い込んでいます。ＰＬの教えの実践も立派な人ができることで、自分のような至らない人間は到底できないと思っている人がいますが、それは勘違いです。

誠というのは人間表現のことですから誰でもできることで、誠の心で暮らすのが人間としての自然な心なのです。

例えば、食事をするのであれば、よくかんで食べ物の味を味わい、料理した人の誠の味をも味わって食べます。そういう普通の食べ方をするのが誠の食べ方なのに、誠の食べ方などというと、途端に何か特別の食べ方があるかのように錯覚し、それはとても自分にはできないと思い込んでしまうのです。

「人生は芸術である」というＰＬの教えは、何か特別のことでもしなければならないかのように考えがちですが、そんなことはありません。

目の前に現れてくる事柄との関わりですから、掃除するのであれば心をホウキの先に向けて丁寧に掃けばいいのであって、誠という特別なものを掃除に込めるなどということは要らないのです。こんな簡単なことができないのは、ＰＬの教えを実行せずに、教えの話を聞いてそれで満足しているからです。

確かにＰＬの教えはとても分かりやすくて、話を聞いただけで実行したような気分になれますが、いざ実行しようとすると、なかなかできません。それは私たちの生活が習慣で成り立っているからです。

慣れ親しんだ習慣を変えるのですから、教えの実行は、神に依《よ》りつつよほどの決意をしてかからなければできないことなのです。

16

第十六条

一切《いっさい》は進歩《しんぽ》発展《はってん》する

さまざまな問題を抱えながら

「進歩発展する」という言葉の理解で一番多いのは、「だんだん良くなっていくこと」でしょう。

科学の発展によって私たちの生活は豊かになっていくであろう、という予想が進歩という観念を支えてきました。例えば、近年の家電製品の技術革新は目を見張るほどで、炊飯器・冷蔵庫・掃除機・洗濯機・冷暖房機などの進歩は、例を挙げるまでもなく、皆さんもよく実感されていることと思います。

そのような進歩の陰で、困った問題も数多く生じています。科学技術が生み出した有害物質の影響は地球温暖化をはじめ、福島原発の放射能汚染など深刻な問題を私たちに提示しています。

そういう問題を抱えながら、時代とともに私たちの社会は変化し、進展しているのです。

ただ、この進展はひたすら前を目指して進んでいくという単純なものではなく、紆余曲折《うよきょくせつ》しながら進歩発展するという形を取りますので、時には退歩のように見える場合もあるでしょう。しかし、それでも人類の長い歴史は少しずつ進歩しているといえます。

自由という面からいえば、古代社会では一人の王だけが自由で、ほかの大多数は王に仕えていました。それが、時代が進むにつれ、貴族が自由になり市民が自由になり、自由の枠はだんだんと拡大されてきました。

もちろん、現在は進歩の中間点ですから、未解決の問題はたくさんあります。男女間の差別、貧富の差、思想間の対立などいろいろな問題を抱える時代に生きる私たちは「一切《いっさい》は進歩発展《しんぽはってん》する」という箇条をどう理解していけばよいのでしょうか。

有為転変は世の習い

一つの理解の方向は、自分の人生に対していかなることが起ころうと、必ず進歩発展すると信じて暮らすということにあります。

ＰＬ遂断詞《しきりのことば》に「貴光《たかひか》ります大元霊《みおやおおかみ》は　現世《うつしよ》の万象《あらゆるもの》を生《う》ませたまい芸術《つく》りたまい

天地陰陽《あめつちかげひ》の約束《きめごと》により　日《ひ》に日《け》に育《そだ》て太《ふと》らせたまう」とあるとおり、私たちは神様に生かされています。「天地陰陽の約束」によって「日に日に育て太らせたまう」という神業《かんわざ》の中で生きているのです。

ところが、人生は決して良いことばかりではありません。ままならぬ浮世とか、有為転変は世の習いという言葉がありますが、それは自分にとって都合の良いことばかりは起こらないということにほかなりません。

私は昭和七年の生まれで、戦後の教育制度改革で、旧制高校が新制大学に変わる時期に遭遇しました。中学四年生だった私は旧制福岡高等学校の最後の試験を受験しましたが、不合格でした。

やむなく、新制の高校二年に進学し、高校三年を終えて新制の大学を受験しました。この高校三年生の間にPLの教えにより肺病を解決し、それが人生の転機となってPL教師を志願することになったのです。

旧制高校の試験に落ちた時には、これほどの不幸は無いと思っていましたが、今となってみれば落ちたことが現在のPL教師という立場に自分を導いてくれたありがたい神業だったのです。

神に生かされているということは、自分の体とともに、人生も育て太らせていただいているのです。そう信念して生きていけることほど安心なことはありません。世の中は少しも止まることなく、動き続けています。その変化にいつでも対応できるように、神を信じて堂々と自己表現をしていくことが、「人生は芸術である」というPLの教えなのです。

一喜一憂しないということ

PL学園高等学校の硬式野球部が大阪府予選を戦っている時、おしえおや様が教えてくださったことに「一喜一憂しない」ということがありました。

点が入ると喜び、点を取られると悲観して負けるのではないかと心配するという心の動きは、自己表現をする心の状態としてあまり良い状態とは言えません。

自己表現の在《あ》り方といっても特別なものがあるわけではなく、目の前に現れてくる対象との関わりを、自分なりの精いっぱいの表現にするというだけのことです。都合が良いことであろうと、あるいは悪いことであろうと、持てる力のすべてを出して対応する以外には無いのです。

ところが、一喜一憂するということは、目の前に現れる対象次第で心の在り方を変えるということですから、常に全力を挙げて表現するということにはなりません。

ここで注意しなくてはならないことは、全力という言葉をどう理解するかということです。ねじり鉢巻をして、自分の持っている力のすべてを出し切って重い石を持ち上げるのも全力でしょうが、料理の味加減を調整するために一つまみの塩を加える時も、自分の感覚をすべて動員してちょうどよい量を決めなければなりません。この時も全力を使っているわけです。

従って、表現における全力は、その時の対象との関わりにとってちょうどよい量を決めることとなります。卵を割る時も、強すぎず弱すぎずの程よい力の入れ具合が全力になるのです。その全力を発揮するためには、対象や事柄の状態を見極め、ちょうどよい力の入れ具合になるように配慮しなければなりません。

一喜一憂するような心でいると、対象の状況によって対応の仕方を変える、それも自分にとって都合が良いか悪いかによって喜んだり憂えたりするのですから、いつも全力を挙げて対象と関わることにはならないのです。

人はいかなる変化にも対応できるように、いつも冷静な状態に自分を置いて芸術することが大切です。そういう境地に立つには、神様を信じ、「神は一切の物を育てはぐくむ」ということを信仰することです。

皆人を生かすためのもの

「世《よ》の中《なか》にあらはれたる一切《いっさい》のものは皆《みな》ひとをいかす為《ため》にうまれたるものと知《し》れ」

これは、初代教祖が幽祖《かくりおや》の遺言を守り、三箇条の人訓を授かって教えを完成した時の第三条です。この箇条の示す内容は、まさしく人類の思想史上の迷妄を一掃するものでした。

例えば、キリスト教の伝統に立つ思想では、神がこの世を創造したという前提があるので、人間はあくまでも神の被造物です。神の命ずるままに生きるのが人間にとっての善であると考え、人間の自由を認めるか否かということが神学上の大問題になるほど、人間の立場をはっきりと認めることはできませんでした。

また、仏教では、地球上の生命は同じ価値を持つという理由から殺生を禁じていますが、人間は生きるために動植物の命を頂かなければなりません。その矛盾を回避するように、「放生会《ほうじょうえ》」というお祭りをすれば殺生の罪が消えるとしています。

このように、人間に対してはっきりとした考えを確立することなく、過去の信仰によって規定された人間観を引きずっていた思想界に対して、はっきりと人間の立場を明らかにしたのが初代教祖の悟りだったのです。

もちろん、「人を生かす為に」というのは人間の自由にしてよいという意味ではなく、芸術の素材として存在しているという意味です。自らの表現を芸術的に価値あるものにするためには、素材を大切に扱うことが肝心であることは言うまでもありません。

物事はすべて日々新た

私たちの前に現れてくる神業は、一つとして同じものはありません。ところが、私たちの感覚では、同じ事柄は同じものとしか受け取れないために、新しさを感じない生活になっています。人間は同じことの繰り返しではマンネリズムに陥り、喜びも感激も無い惰性の生活になってしまいます。

そういう私たちの心をいつも新鮮な喜びに満ちたものにしていくためにも、周りの物事は常に流転進展している、すなわち進歩発展しているのだと思って、緊張してかからなければならないのです。

そして、目の前に現れる神業（素材）を大切にするためには、緊張していつも新しい気持ちで対象を受け止めることが大切です。

第十七条

中心《ちゅうしん》を把握《はあく》せよ

17

物事には中心がある

私たちの人生は、毎日の生活の中で遭遇する神業《かんわざ》との関わり合いの積み重ねから成っています。対象とは、何か目的があって関わりを形成することになります。

例えば、子供と話をする場合、学校のことを聞きたいとか、進路について大切なことを伝えたいとか、その時の状況によっていろいろな思いから話をしたいと思うのでしょうが、ここでは進路の話に限定して論を進めます。子供の進路は親にとっても重大な問題です。

そのため、進路についての話し合いは、親の意見を子供に言い聞かせるという形を取ることが多いようです。

「大学はどこを受けるの？」

「大学より専門学校に興味があるんだけど……」

「あなたが社会に出て会社に就職する時に、いい大学を出ていればいい会社に就職できるでしょう。だから早くそういう志望校を決めて勉強しなきゃ。ね、ね、そうでしょ。ね」

「でも、僕はカメラマンになりたいんだよ」

「将来結婚して子供ができたらどうするの。きちんとした会社に勤めるのが一番よ」

これでは子供の気持ちは親から離れていくことになるでしょう。

この場合の話の中心は、子供の考えを聞いてアドバイスすることにあるのです。その中心を逸脱して親が自分の意見を言い聞かせることに懸命になると、子供の気持ちは親から離れて親子の断絶を生み出す元になります。

親は子供のためと思って自分の考えを話すのでしょうが、子供は子供なりに自分の人生をどうするか、一生懸命に考えているのです。その考えが親から見て頼りないものであっても、真剣にそうしたいと思っているのなら受け入れ、応援してあげるのがよいのです。

もし、その考えが自分の考えと大きく違っているのなら、「お父さん（お母さん）はこう思う。あなたはどう思う？」と、あくまでも判断材料を提供して、最後の決断は本人にさせるべきなのです。

職業とは何なのか

職業というものは自分の自己表現の場であって、生活の手段だけではありません。昔は家の職業が決まっていて、それを継承するのが当たり前になっていました。産業革命による社会構造の変化から、自己の能力によって自由に職業を選択できるようになり、生活の手段として有利な職業を選ぶことが人生を幸せに送るための方法と考えられるようになりました。

しかし、職業とは社会生活を維持するための仕事を分担することを目的とした立場です。社会人になるとはその仕事を分担する役割を担うということで、役割に応じた責任を持つことになります。

社会人となった時から、一個の個人である上に、社会に必要な仕事を担当する立場に立ちます。その立場を示しているのが職業です。社会人としての自己表現は、職業という立場における自己表現になり、職業による制約を受けることになります。

法律を遵守する立場の警察官が酒酔い運転をすれば一般人がしたこと以上のとがめを受けるでしょうし、また、教育者が破廉恥な振る舞いをすると新聞に大きく報道されるなど、職業に応じた責任を問われることになるのです。

生きがいは職業にある

人間は喜びがなければ生きていけません。ですからいろいろな形で生きがいを求めるのですが、一番大きな錯覚は対象（趣味や娯楽など）の方に喜びの元があるという錯覚でしょう。

例えば、仕事がおもしろくなくて趣味に喜びを求めるという一番ありふれた喜びの探求を考えてみますと、生活の中心は仕事にあるので、仕事の合間にしか趣味を楽しめません。そのため、趣味に喜びを見いだしても、生活そのものが喜びに満たされたものにはならないのです。

もちろん、仕事の合間に趣味を楽しむという喜びはあるでしょうが、生きがいというほどの充実感はそこからは生まれません。

生きがいのある人生を送りたいのであれば、自分の仕事（職業）にはまり込んで精いっぱいの表現をすることです。もし、それほどの情熱を燃やせないというのであれば、仕事を変えるほかはないでしょう。しかし、仕事を変えるということは大変なことで、誰にでもお勧めすることはできません。

そこで、今一つの生きがい探求の方法をお教えしましょう。それは、自分が従事している職業が社会の中でどういう役割を担っているかを考えてみることです。

かつて、ソニーがトランジスタラジオの製作に当たって、ベルトコンベアを流れてくる部品を組み立てるという単純作業に従事している人たちの勤労意欲を高めるために、完成した製品を皆に見せ、アメリカでどれだけ売れているかを知らせるという方法を取ったことがあります。

それまでは一日中基盤にトランジスタを取り付ける単純作業の繰り返しに飽きて辞めてしまう人が多かったのですが、完成した製品を見て自分たちの仕事の目的と意義を知ったことで、退職者が減少し生産効率も上がりました。

人は自分のしていることの意義・目的をはっきりと自覚することが意欲の源となるのです。

単発的な喜びと永続する喜び

人間の喜びは大きく分けて二つあるようです。一つは刺激による喜びで、感覚的な快感による喜びや精神的な工夫やスリルなどによる興奮がもたらすものです。もう一つは、自己の存在理由を満足させる喜びです。震災救援のボランティアに参画して得られる喜びとか、自己表現に誠を込め、精いっぱいの表現をしている時の充実感から来る喜びなどがそれに当たります。

刺激による喜びは単発的なもので、おいしいものを食べ終わるとすぐに次の刺激を求めるグルメ志向のように、止めどなく続く傾向があります。

私の先輩で、グルメ志向のとても強い人がいました。その先輩の調査を手伝う機会がありました。調査が済んだ夜、みんなで酒を飲んでいた時のことです。その先輩が一人一人に「何かうまいものを知らんかね?」と聞きだしたのです。

次々と各地の名物が挙がりました。金沢の越前ガニ、北海道のシシャモ、岡山のママカリと、それぞれが自分の知っている限りのうまいものを言ったのですが、どれも先輩は食べたことがあったので、「うん、あれはうまかったなあ」と応え、さらに「昨日の夜は何を食べたんだ」と聞き続けたのでした。

この先輩はおいしいものを食べることを生きがいとし、実際に食べ続けたのでしょうが、それでも〈もっとおいしいものがあるはずだ〉と思いながら、五十歳前の若さで亡くなりました。刺激による喜びには満足というものが無く、どこまでもエスカレートしていくようです。

それに対して、自己の存在理由に関係する喜びは、一度経験するといつまでもその人の心に残ります。生きがいは、この喜びから生まれるものだと思います。

中心趨向の原理

人が何人か集まって仕事をする場合、その中心というものがあります。集団の長がそれに当たります。従って集団の成員が長に向かって一つになっているとその集団は栄えますが、気持ちがバラバラでは集団としての働きもバラバラになり、大きな成果は生み出せないことになります。

このことを示す言葉が「中心趨向《ちゅうしんすうこう》」です。趨向とは物事がある方向・状態に向かうことをいいます。集団の成員の心が中心である所長とか部署長、あるいはチームリーダーを中心にまとまっていると、その集団はすばらしい働きを示すことになるのです。

集団の成員がリーダーの考えとは異なる自分勝手な考えで仕事を進めたら、集団の力は半減するでしょう。野球などの集団スポーツでチームワークの大切さが言われるのも、中心趨向の原理があるからにほかなりません。

第十八条

常《つね》に善悪《ぜんあく》の岐路《きろ》に立《た》つ

善悪の基準は何か

かつては日本でも、善行を積めば幸福になり、悪いことをすれば地獄に落とされるという説話がいろいろな形で話され、子供たちの道徳観を形成してきました。

確かに悪いことをすれば法律で罰せられますが、一方の善いことをして幸福になったとはお話の中で聞くだけで、現実の生活にはあまり関係ないのが普通です。「正直者は馬鹿を見る」ということわざもあり、現実生活の幸福は道徳とは無関係だと考える若者が多くなっています。

こうした混乱が引き起こされたのは、道徳的善悪観は人間関係における善悪であり、住む社会や国によって違うものだという認識がないことに理由があります。今までの道徳は人間関係の上での行動規範であり、国や民族によって多少の違いがあります。これは人間が考えて作った行動規範で「人律《じんりつ》」というものです。

これに対して、人間存在の基本的な行動規範が「神律《しんりつ》」です。人律においては、人間の感情についての制約は「腹を立てる」ということですが、それも対人関係の影響が大きいというだけで、人間の幸・不幸との関係についての言及はありません。

神律において感情が取り上げられるのは、「人は表現の態《たい》にて生きる」という原則があるからです。ＰＬ処世訓第五条に「感情《かんじょう》に走《はし》れば自己《じこ》を失《うしな》う」と示されているように、感情に走った状態での表現では自己を正しく表せないことが一番の問題なのです。

なぜそうなるのかと言いますと、感情に走る原因は心癖にあるからです。心癖とは、主観に基づいて形作られた習慣ですから、都合が悪いことに対して感情に走るという物の見方、考え方が習慣になっているのです。物の見方、考え方を変えない限り、常に同じ心癖で悩むことになります。

人間の表現は、その時の対象との関わりですから、関わりを持つ自分自身の物の見方、考え方によって、対応の仕方が決まります。

いつも緊張して善を行うように心掛けるべきなのですが、ほとんどの人は〈腹を立てないようにしよう〉〈不足を思わないようにしよう〉と、みおしえで指摘された感情を出さないようにしようとしています。

しかし、大元の物の見方、考え方を変えなければ、形は変わりません。腹立てをやめるには、腹を立てざるを得ない理由の方を検討することが大切なのです。

例えば、親が〈子供より自分の方が人生についてよく知っているから、自分の言うことを聞いていれば幸せになれる〉と思っている場合、子供が言うことを聞いてくれないということにぶつかると、腹を立てることになるでしょう。

親は〈自分の言うとおりにしていれば幸せになれるのに、なぜ?〉という思いでしょうが、肝心の本人の気持ちを少しも考慮していないことに気付いていないのです。

子供の人生は子供自身が歩むのですから、子供の意志を尊重して決めなければならない問題です。もし、選択した道が苦労の多い道であったとしても、親は「その苦労を乗り越える覚悟はあるのか」とアドバイスするくらいしかできないのです。〈子供の人生は子供が決めるべきもの〉と思っていれば、子供に腹を立てることも少なくなるでしょう。

湯浅竜起著『芸術生活概説Ⅱ・生活構造論』(芸術生活社刊)には、感情の元には「予断」があり、予断のために正常な対応ができなくなる、と述べられています。

「善悪の岐路に立つ」という言葉を聞いて頭に浮かぶ善悪は、世間一般の善悪観で示されているものが多いので、そういう予断を一応横に置いて、神律における善悪とはどういうものか考えてみたいと思います。

方向性が善悪を決める

どういうわけか、働かずに生活できる状態が幸福だという考えを持つ人がいますが、これは「人は表現の態にて生きる」という原則から見るとおかしな考えです。「隠居三年」という言葉があります。家業を譲って楽隠居すると三年くらいしか生きられない、という経験知から生まれた言葉ですが、生きる（表現する）意欲を失うということは、神律では悪の方向に向いているということです。

道徳では、善い行為と悪い行為に分けて考えますが、同じ行為でもどちらの方向を向いているかで、善にも悪にもなるのです。

例えば、A、Bという二人の学生が共に八十点という成績を取ったとします。Aは叱られ、Bは褒められました。というのは、Aはいつも百点近い点を取っていたからで、八十点だと気を抜くか怠けていたかということになります。

一方、いつも六十点くらいしか取れなかったBが八十点も取ったということは、一生懸命勉強した努力があったということになります。同じ八十点でも、方向性には大きな違いがあったのです。

Ａは退歩の、Ｂは進歩の方向性です。初代教祖は、「人は死ぬ間際まで働くべきである」と教えてくださいました。「働く」とは、「傍《はた》を楽にする」という意味で、自己は他己であるということでもあります。

いつも緊張して暮らすと

「常に善悪の岐路に立つ」とは、いつも緊張して暮らせという意味でもあります。人間の表現は、目の前に現れる対象（神業《かんわざ》）との関わりですが、いつどのような神業が目の前に現れるかは分かりません。

好きなことも嫌いなこともこちらの都合とは関係なく現れるのですから、きちんと対応するには、いつも緊張していなければならないのです。

こう言うと、「そんなにいつも緊張してはいられない」と言われるような気がしますが、そう思うのは緊張ということを何か大変なことのように思っているからでしょう。

歩行中にボールが飛んできたら、そのボールを避けるでしょうが、物思いにとらわれて気付かず、ボールが頭に当たってしまったとします。避けた時の心の状態が緊張している姿ですし、当たるまで気が付かないのが緊張を欠いている姿です。言い換えれば、人間としての能力を働かせる態勢にあることが緊張していることなのです。

善は人間としての本性を生きること

人は表現という形を取ることによって、自分の生命をこの世に現しています。そのための能力はどんな人にも与えられています。

ところが、私たちは成長の過程でその能力が働かない習慣を身につけてしまっています。そのため、思いどおりに表現できないということになりがちです。そういう過ちに気付くための苦痛がみしらせです。

みおしえはみしらせが起こってくる習慣の誤りを教えてくださっているのですが、その内容は人間の本性を働かせよということなのです。

「善悪の岐路に立つ」という場合の善悪は、道徳的意味での善悪ではなく、人間の本性が発揮されているか否かの善悪なので、前述の試験の成績としては申し分の無い八十点も、その人の本性の発揮という面から見ると、AとBで評価が分かれることになるのです。

このように、能力がいつも発揮される状態にあることが、人が生きていることの喜びとその行為の善であることに関係します。

私も八十歳を過ぎたころから楽をしたい気持ちになり、どうすれば楽ができるかなどと考えるようになりました。そのころから何を食べても味を感じなくなりました。味覚の衰えも年のせいだから仕方がないと諦めて暮らしていましたが、ふとしたことから「芸術生活概説Ⅲ・価値論」の原稿を書かなければという意欲が出てきたのです。すると、不思議なことに味覚がよみがえってきてびっくりしました。楽をしたいという思いは本性の発揮に反する思いなので、悪の方向を向いていたのだと反省した次第です。

初代教祖は、「瀕死《ひんし》の病床にあっても、指が動くのであれば指を動かしたらよいのだ。指が動かなくなったら、まぶたを動かしたらよいのだ。そうしたら周りの人がまだ生きていると安心する」と教えてくださっています。

人は死ぬ間際まで人のために、自己は他己であるという本性を表現することが大切なのです。

第十九条
悟《さと》る 即《すなわ》ち 立《た》つ

19

怠けていると言われても

姫路教会長を務めていた時、教師会議に出席した帰りがけに、ブロックマスター（当時）の故湯浅竜起先生に教会芸術のことで解説を受けました。そこで「君は怠けなければいいいんだが……」と言われたのです。

姫路教会と相生教会を兼務し、両教会間を原付バイクで往復して布教に携わっていましたから、「怠ける」と言われてもさっぱり思い当たりません。

ところが、その翌月も、解説で「君は怠けないように……」と言われました。毎月スケジュールを提出していますので、それを見ればどんなに忙しく働いているかが分かるだろうと軽く考えて、あまり気にも留めませんでした。

ところが、翌月の解説も「君は怠けないようにしなさい」と言われました。さすがにちょっとムッとして、「怠けるとはどういうことですか」と問い返しました。

「気が付いたことをすぐしないのが怠けだ。それから怠けにはもう一つある。仕事にはすぐしなければならないことと後でゆっくりすればよいことなど、優先順位が決まっているものだ。その優先順位に従って仕事はしなければならないのに、自分の好みの方を先にするのは怠けだ」

言い返す言葉がありませんでした。私は確かにスケジュールに従って忙しそうに動いているが、実際の働きは怠けていたのだと、初めて気付いたのでした。

そこで改めて、「どうすれば怠けずに仕事ができますか？」と解説を受けました。答えは、「気付いたことをすぐせよ」でした。「はい」と返事して教会に帰ったのですが、何が気付いたことになるのか分からず、思ったことをすぐすることから始めました。

教務を遂行しながら実行を心掛けて一カ月たったころ、婦人会長さん宅を訪ねる途中で、梅の花が目に留まりました。〈ああ、もう梅も満開だなあ〉と思った時に、それまでの自分の生活と、気付いたことをすぐしようと思ってからの生活との違いがはっきりと分かったのです。

それまでの私の生活は、その時にしていることが一段落つかないと次の動作に移れないという自分の思いだけで動いていたために、雑念でいっぱいだったのです。道を歩いていても考え事をしていて、周りの景色を見る余裕など無い状態でした。

ところが気付いたら即実行に努めるうちに、体の動きに合わせて自分の思いが変わる世界、すなわち、その時していることに心を向けて暮らす世界を体験させていただき、ＰＬの教えが観念の世界ではなく、人間が生きていく自然の姿を教えてくださっているのだと感じました。

ＰＬ信仰生活心得第一条を実行しているつもりでいて、実際は雑念にとらわれた生活をしていたのだと初めて納得したのでした。

気が付いたことしかできない

この実践で改めて分かったのは、人間は気付いたことをしているのであって、気付かないことはできないという当たり前のことでした。

もし、自分がしていることに気付いていないとなれば危険です。人間にとって気付くとは大変重要な意味を持つことなのです。しかし、私たちは気付いても都合次第で勝手に先に延ばしたり、時にはすっかり忘れて生活しています。

湯浅先生に「気が付いたことをするのに取り掛かるまでの時間が怠けているのだ、

気が付いてもしないのは人間失格だ」と教えられ、今までの自分は何をしていたのだろうと反省しました。

意識していないことに気付くということは、神様が気付かせてくださったのです。気付きに即応するようになってから、不思議とタイミングの良い生活になりました。

ある日、長男の命日にお参りしようと芸生殿の前まで来ると、もう正午近くになっていました。ふと、〈先に食事をしてからお参りしよう〉と思いました。普通は神参りを先にするのですが、その時は気が付いたのだからと食事に行ったのです。

改めて芸生殿に向かうと、長男の友人にばったり出会い、驚きました。札幌中央教会から所用で帰本したとのことで、「今日が道貴（長男）の命日なのでお参りして、今から札幌に帰るところです」と言うのです。

食事を後回しにしていたらすれ違って会えずじまいでした。微妙な神業《かんわざ》に感謝したことでした。

こんなことは考えてできることではありません。神様に気付かせていただいて初めてできることです。ところが私たちは、気付いたことを自分の考えで評価・判断して、するかしないかを決めているわけです。

そうしますと、効率よくほかのことと一緒にする方がよいとか、今は時間が取れないからしない方がよいとかという結論になりがちです。しかし、仕事の重要度の判断は気が付くということのうちに含まれているのです。気が付いた時に、〈それをするのは……〉と考えるのは別問題です。

大体〈それをするのは〉と考えだすと、ほとんどの場合、しない方がよいという結論になるでしょう。「今は間が悪い」とか、「後でほかのことと一緒にする方が効果的だ」とか、理由はいくらでも思いつくものです。そのために気付きを逃す人が多いのです。

私にとっては怠けないための修行ですから、とにかく気付いたらすぐしよう、的外れであろうと、後で効率的な方法が見つかろうと、修行とは関係ないことだと無視する気持ちで気付いたことをしていったのです。

最初は何か落ち着きの無い、取りとめの無いことをしているような心地でしたが、だんだんと雑念が無くなり、今していることに心を向けられるようになりました。

気付いたことをすることは人間としての普通の生き方であって、気付いたことをするとこうなりますよというおかげを考えてすべきではありません。

私たちは効果を考えて物事に臨みますが、結果は神様からの授かり物です。初めから結果を求めて仕事をしても、良いことにはならないでしょう。私の場合は、気付いたことをしているうちにいろいろな気付きを授かり、ありがたいことになりました。あなたが実践した場合に何を感じるか私には分かりませんが、気付いたことをしているのが人間であって、それ以外に生きようはないとすら言えます。従って、それができないというのは単なるわがままです。

ＰＬの教えは人間が生きる自然の姿を明らかにしているので、何も特別のことではないのです。

自然の姿を芸術に高める

ＰＬの信仰の目指すところは、人間の自然の姿を芸術作品にまで高めることにあります。絵画・彫刻・音楽・文芸など専門芸術の分野だけでなく、生活全般にわたって美の造形は行えるのです。

食事においても、料理の盛り付けから食器の選択、作法など、実際にその一つ一つに美をつくりだしています。その美の根底には、そのことをしようと思った人の真実があります。

真実表現ができた時に作者の満足があり、また周囲の人を楽しませることもできるのです。そんな表現をするために、私たちは生きているのです。

結果だけを人間の表現の評価基準のように思い、社会的に成功した人、金を儲けた人だけを賛美する傾向があります。本当のところは、その人の仕事に対する心構えや熱意が人々の共感を呼ぶのであり、人間表現の価値はそこにあるのです。

目的に向かって努力している姿、その間のプロセスの喜びにこそ価値があり、それはすべての人が味わい得るものです。成果は表現の結果であって、それ自体にはあまり価値はありません。

受験時代は灰色だというのが一般の通念のようですが、入試を受けるという目的を持って勉強するのは、緊張感を伴った楽しい時期であるのが本当です。それが灰色になるのは、〈落ちたらどうしよう〉と結果を憂えるからです。

私は、大学の受験心得の解説を受けた時に「受験は受かるために受けるのだから、落ちたらどうしようと心配する必要はない。合格することを考えればよい」と教わり、楽しい受験時代を送った覚えがあります。

第二十条

物心両全《ぶっしんりょうぜん》の境《きょう》に生《い》きよ

お金自体に価値は無い

年末になると宝くじが発売され、何億円ものお金が私たちの目の前にぶら下がっているような気持ちにさせられます。

確かにお金は有用で使い方によっては大変立派な芸術もできますが、人間の心を狂わせ、犯罪の起因にもなる恐ろしいものです。

お金にそのような魔力を与えたのはほかならぬ私たちです。人類の経済活動は、物々交換という形で始まりました。うちの畑で芋がたくさん取れたので、お宅の野菜と交換してくれませんか、というのが始まりだったのです。

そのうちに、お金というものが発明されて、芋をお金に換えて、そのお金で野菜を買うという形式が出来上がりました。そうなると、次第にお金の通用範囲が大きくなり、労働の対価としてのお金、すなわち報酬が支払われるという現在の経済機構が確立していったのです。

物々交換の仲介役としてのお金が価値判断の基準のように考えられ、何にでも交換できるという便利さがお金自体の力であるかのような、お金万能の錯覚が生み出されました。金銭への執着も、この錯覚から生まれているのです。

お金は本来、それ自体に価値はありません。自己表現に必要なものを得るための交換価値しか無いので、交換する物がなければ使い道が無いことになり、お金がいくらあってもどうにもなりません。ですから、お金は必要な時に必要なだけあったらよいのです。

ところが、お金自体に価値があるという錯覚にとらわれると、手元に持っておきたい、貯めたいという気持ちが強くなり、お金が出ていくのをいやがって、なるべく使わない方がよいなどと思ったりするようです。

本来、お金の価値は使った時に現れるのであって、持っている時は何かに換えることができるという可能性しかありません。そして、お金は上手に使わなければ価値を発揮できないのです。

どれだけ上手に使うかという目安は、お金で購入したものがどれだけ人の役に立つかという点にあります。

お金に好かれる心境

お金は、その人の働きに応じて集まってくるものです。

以前、会社が倒産して職探しをしていた人に、「仕事が無いからすることが無いというのは間違いですよ。何もすることに気が付かないのであれば、教会の献身をしてから仕事探しに行きなさい」と申し上げたことがあります。

それから、その人は毎日教会の広間を掃除してから仕事探しに行くようになりました。その後、自動車部品を作る会社から声が掛かり、再就職が決まりました。世のため人のために働いていると仕事は授かるのです。

お金は、社会的有用性のある働きについてきます。従って、早く仕事を授かりたいと願うのであれば、社会的有用性のある働き、世のため人のために役立つ働きをすることが必要です。教会の仕事（献身）や、悟加富、宝生などによってお金を人世のために働かせることも、その働きのうちに入ります。

使った分だけ幸せに

お金を使うとはお金を出すということですが、お金に価値があると思っている人はこれを嫌います。お金に執着する人は、お金が出ていくと自分が持っているお金が減ると感じるからです。

たくさんのお金がある給料日にはニコニコしていたのに、月末にお金が少なくなると何となくわびしい気持ちになる人がいるでしょう。本当は、一カ月間お金を使って自己表現をしてきたわけですから、その充実感があったはずなのです。

その充実感を妨げているのは、お金が出ていくという〝引き算〟の考え方にあります。無駄に浪費しているわけではなく、幸せのためにお金を出しているのですから〝引き算〟ではなく、〝足し算〟で考えなくてはいけないのです。

月末になって手持ちが少なくなったと考えるのではなく、使った分だけ自分の幸せが増えたと考えるのが正しいのです。お金を出す時には喜びを添えて出すように、自分を訓練することが大切です。お金や物に執着するのも心癖ですから、これを取るにはそれ相応の努力が要ります。

ＰＬの信仰には、宝生というありがたい制度があります。神様に自分の念願や今からする表現に誠がこもりますようにとお願いする時に、宝生袋にお金を入れて遂断ると、執着心が無くなり、喜びを添えてお金を出せるようになります。

お金への執着を捨て去り、喜んでお金を出せる心境を身に付け、幸せな生活を送ってください。

お金のことで感情に走るのは本末転倒

お金は私たちの幸せのためにあるのですから、お金のことで感情に走るのは本末転倒していることになります。消費税が上がる、野菜が高くなった、ローンがあるなど、お金にまつわる話は山ほどありますが、人間の幸せとは関わりの無いことです。

人間の幸福は実行律を味わい、楽しむことにあります。お金が人間の幸福を左右するのであれば、物価の高騰は大問題でしょうが、お金にはそんな力はありません。人間の道具に過ぎないお金のことで、自分の心境を乱すのは何の益もありません。

お金があればあったでそれ相応の生活ができるでしょうが、金持ちが味わっている実行律と、お金の無い人の実行律に違いは無いのです。また、生活の豊かさにおいても、金持ちとそうでない人との間には、物の豊富さに違いはあっても楽しさに違いは無いのです。

お金は幸せのために使うべき道具ですから、心を乱され、感情に走ったのでは、お金が不幸の原因になります。それを避けるためには、「幸せのためにあるお金のことで感情に走らない」と決意して暮らすことが大切です。

幸・不幸をもたらす違い

一万円札を見て、その一万円札がほかの一万円札と違うと思う人は少ないでしょう。しかし、お金には名前が付いているのです。自分が働いて得た給料、人から預かったお金、会社のお金、人の目をごまかして手に入れたお金など。これらのお金には、自分の幸せに役立つお金と、不幸をもたらすお金があります。

幸福をもたらすお金を「居守《いも》る」金といいます。儲けるにしても居守る金を儲けるのでないと、働き損になります。居守る金と居守らない金の違いは、入手過程にその人の働きがあるか否かにあります。

世のため人のために一生懸命働いて手にしたものは居守る金になりますが、そういう働きが無いお金は、出ていく時にチクッと心を刺して出ていく不幸な金になります。

また、お金に付いている名前（遂断）と違うことに使ったり、人から預かったお金をちょっと私用に使って、後から埋め合わせをするようなことをしますと、やがてはお金に困ることになります。

お金に対するスケールとは

お金を取り扱う時は、その人のお金に対するスケールが問題になります。お金に対するスケールは、出す時に〈うーんどうしよう〉と考え込む金額と思えばよいでしょう。千円で考える人、一万円で考える人、百万円で考える人、一千万円で考える人など、出す時に考える金額がお金に対するスケールです。つまり、わだかまり無く自由に使える金額を示しています。

お金に対するスケールが、その人の幸せを決めるということもできます。何かをしようと思った時に、〈お金が要るからやめておこう〉となるのでは、自己表現が制約されていることになります。それが自分の自己表現にとって必要なものか、多くの人のためになるかを考えて、〝する・しない〟を決めるのが本当です。

幸福を妨げるお金への執着から抜け出し、本当の幸せ、実行律を味わう世界を体得するために、ＰＬの宝生や悟加富の神事があるのです。

第二十一条
真《しん》の自由《じゆう》に生《い》きよ

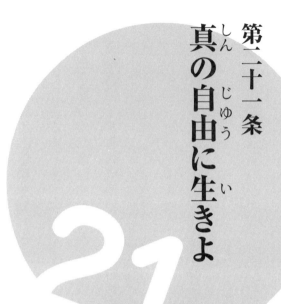

自由は万人の欲求

人間は自由です。自由であるということは、その時の状況に対して自分のすべきことを自分で決めなければならないという不自由さを伴います。その不自由さを避けるために、人間はこうするのがよい、という道が考えられました。

道徳や人倫の道という形で教えられたものは、自由な人間の行動を抑制するために作られた枠です。

その結果、道徳的には立派な人が貧しい生活をしていたり、正直者が馬鹿を見るというようなことが言われたりして道徳を守ることが人間の幸福とはつながらなくなり、若者の道徳離れを引き起こしてしまったのです。

現代の社会情勢は百鬼夜行の乱世という有り様です。好き勝手わがままいっぱいの行動をしているように見えますが、実際は何をしても満たされない思いを持ちながら生きているわけです。

なぜそういうことになるのかといえば、自分の都合を中心に動いているからです。自分の都合を中心に考えると、逆に都合の悪いことばかりの人生になるのです。

かつて、運転中に青信号が続いて、とても都合良く目的地に着いたことがあります。車に同乗していた妻に「今日は心境がいいのですね」と言われて、驚きました。

私たちは、いつも自分に都合の良いことばかりが現れるのを望んで暮らしています。しかし、多くの人と共同生活をしているので、都合の良いことばかりが現れるとは限りません。問題は、神業《かんわざ》にどう対応していくかということにあります。

ＰＬ遂断詞《しきりのことば》に示されているように、目の前に現れた神業に対して「我執《おのれ》（自分の都合）を捨《す》てて」、「芸術生活《うるわしきたつき》の上《うえ》に自《みずか》らの個性《まこと》を表《あらわ》す（その時の状況に対して自由に本当の気持ちを表現する）」。つまり、自分の都合をちょっと横に置いて、どうしたらこの都合の悪い神業を楽しく処理できるかを工夫すればよいのです。

私は、赤信号ではイライラして、青信号になるとサッと飛び出すような運転をしていました。先方に着くのが遅れるというもっともらしい理由はあるものの、要するに自由に車を運転できない、というわがままな気持ちからのイライラでした。

そこで、赤信号になると周りの車のナンバーはどんなのがあるかなと見回したり、景色に目を向けたりするようにしました。すると待たされたという気持ちにならず、楽しく運転できるようになったのです。

目の前に現れる神業に対して、自分のものの見方・考え方を変えてみるなど、工夫して自由に生きる世界を見いだしていくところに、人生の喜びがあるのです。

思いが自分を束縛している

私たちは成長の過程で生活の仕方やものの見方・考え方を教えられ、自分独自の習慣を作り上げています。そして、その習慣で全ての物事を見、善い悪いを判断して暮らしているのです。従って、自分のしていることは正しく、恥ずかしいことはしていないと思って暮らしています。

例えば、楽をして収入を得られればそれが幸せだ、という思想があります。この考えは、人生最大の幸福は楽な生活をすることだという幸福感から生まれたものですが、本来人生の楽しみは、毎日毎日の生活の中で起こってくる神業に対して、どうすればうまく処理することができるかという、創意工夫の喜びを味わうこと（実行律）にあるのですから、大変な損をしていることになります。

今の世の中は、お金が一切の基準となり、何もかも金銭で計ることができるように思っています。しかし、私たちの心を潤すもの、恋人同士の心のつながり（愛情）や何げない生活の中で示される思いやりなどは、お金で価値を計ることはできません。

また、自分がいろいろと工夫してやっと仕事を仕上げたという喜び、趣味や娯楽で得る喜び、おいしいものを食べた時の喜びなど、数え上げればきりがないほどの喜びが、私たちの生活の中にはあります。それを味わいながら暮らすのが、生きる喜びです。そして、その喜びを味わうのは私たち自身であり、誰もそれを邪魔することはできません。

ただ、社会の一員である以上、自分の行為が人の幸福を脅かすことは慎まなければなりません。この慎みを持たずに欲望を遂げようとする行為が犯罪です。

人間に許されている自由は無限です。しかし、その自由を犯罪に使うことは許されません。そこを自覚し、欲望を自制するところに人間としての価値があります。その自制心を失った表現には、人としての価値は無いのです。

神に依ることの必要性

人間は自由であると言いましたが、その自由を最大限に享受する道は、神に依《よ》ることにあります。

私たちは、自分の言動は正しいと思って暮らしていますが、物事に出くわした時の判断に歪《ゆが》みが生じる場合があります。その歪みの最大のものが、自分の都合を優先するという考えです。

自分の都合を先に立てて考えると、この世の中は不都合なことばかりです。しかし、自分の都合を横に置いて考えると、どのようにでも工夫することができ、自由に人生を送ることができます。

みおしえで教えられることの多くは、自分の考えや都合にとらわれて、思考停止に陥っているところです。思考停止とは、起こってきたことに工夫対応できなくなることです。

腹が立っている時は、その原因（人や物事）に対する感情だけになって、その他の考えが思いつかなくなっています。

それはちょうど目隠しをして歩いているようなもので、不自由な状態です。人間としての力が発揮できない、危険な状態です。〈これはどう考えてもおかしいではないか〉〈あんなことをするとは誰が考えてもおかしい〉というように、腹を立てる理由の周りをぐるぐる回るだけになっているのです。

この状態から抜け出すには、祖遂断《おやしきり》をお願いする以外にありません。「おやしきり」と唱えると、ＰＬの持っている力が現れ、思考停止状態から脱することができます。

自由に誠を表現する幸せ

人間は抽象的なことには知恵が出にくいですが、具体的なことには実にいろいろと知恵が出てくるものです。その中から一番いいものを選べばよいのです。

手近なことで言えば、「料理はどうしたらよいか」と聞かれても答えようがありませんが、「カレーを作るには」「肉じゃがを作るには」と具体的に聞かれると答えられるでしょう。

同様に、腹を立てないようにするのは難しいことですが、「子供がぐずっている時に腹を立てずに対処する道は」と、具体的に考えれば方法は幾通りもあります。

腹を立てると、そんな自由性が無くなり、子供の方を変えようとしてしまいます。子供は親の言うことを聞くべきだという固定観念にとらわれ、それ以外の考えが浮かばなくなっているのです。その観念を横に置いて、子供がなぜぐずぐずしているのかと考えてみると、意外な発見があるものです。

私は気短の癖があり、夫婦で出掛けようと思い立つと、すぐ妻に「行くぞ」と促していました。言われた妻は、それから準備するのですから大変です。何を手間取っているのかと腹を立てるのではなく、待っている間をどう過ごすか工夫するのが私のすべきことだと気付くのに、恥ずかしながら少し時間を要しました。

腹を立てる、不足を思う、心配する、などの感情が出てくるのは、具体的な事実に対してです。具体的な事実が自分の行動を抑制しているのであれば、それに対してどうすべきかを考えればよいのです。

人間の感情は人生の彩りです。みおしえで教えられていることは、自由に誠を表現せよということで、この自由を満喫することが人生の妙味です。起こってくることがいつも自分の自由になることはありません。しかし、起こってきたことに対処する道は無限にあるのです。

神に依り、祖遂断を願いつつ「真の自由（パーフェクト　リバティー）」の道を歩んでいきましょう。

あとがき

「人生は芸術である」という教えは、長年、私にとって実行がとても難しいものでした。それは、自分の習慣を変えなくてはいけないと思っていたからです。確かに、習慣によって暮らすのが一番楽なようです。しかし、それは本当に楽で楽しいことではないことを、教えを実行することによって発見できたのです。

そして、教えの言葉を自分の生活の中で実行しやすい言葉に読み替えることが、実行を楽しくすると気付きました。例えばPL遂断詞《しきりのことば》の「神業《かんわざ》のままに我執《おのれ》を捨《す》てて践《ふ》み行《おこな》うこそ　人《ひと》の人《ひと》たる真《まこと》の道《みち》と悟《さと》りて」というのを言葉の通りに実行しようと思っても、なかなか実行することはできません。しかし、「我執を捨てて」を「自分の都合を横において」と読み替えれば、できると思えるのです。それからの私は、教えを実行することが楽しくなりました。

ＰＬの教えを一挙に実行するのは大変ですが、何か一つでも心に響いたことがあれば実行してください。必ず自由で楽しい生活が送られるものと信じています。

川島通資

本書は月刊『ＰＬ』で２０１１年６月号から２０１４年７月号まで連載したものを再編集し、書籍化したものです。

川島通資（かわしま・みちすけ）
昭和７年福岡県北九州市生まれ。東京大学文学部哲学科、同宗教学宗教史学科を卒業。同大学大学院人文科学研究科修士課程、博士課程を修了。昭和 29 年、パーフェクト リバティー教団教師を拝命。ＰＬ学園女子短期大学学長、文教部次長を歴任した。現在はＰＬの教義に関する執筆活動などを行っている。

暮らしの中のＰＬ処世訓

平成 27 年 7 月 21 日　初版第 1 刷発行
平成 30 年 2 月 21 日　初版第 3 刷発行

著　者　川島通資
発行者　猪野洋太郎
発行所　株式会社芸術生活社
東京都渋谷区神山町 16 番 1 号
電話　(03) 3469-1151
印刷所 東洋紙業株式会社

ISBN 978-4-328-01308-9　C0014